Exil und Heimkehr –
Rose Ausländer und Hilde Domin

36 Arbeitsblätter
mit didaktisch-methodischen Kommentaren

Sekundarstufe II

von
Elke Bleier-Staudt

Ernst Klett Verlag
Stuttgart München Düsseldorf Leipzig

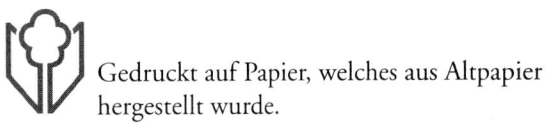 Gedruckt auf Papier, welches aus Altpapier hergestellt wurde.

Die Deutsche Bibliothek – CIP-Einheitsaufnahme

Exil und Heimkehr – Rose Ausländer und Hilde Domin :
36 Arbeitsblätter mit didaktisch-methodischen Kommentaren ;
Sekundarstufe II von Elke Bleier-Staudt. – 1. Aufl. – Stuttgart ;
München ; Düsseldorf ; Leipzig : Klett, 1996
  (Arbeitsblätter Deutsch)
  ISBN 3-12-927419-7

1. Auflage 1996
© Ernst Klett Verlag GmbH, Stuttgart 1996
Alle Rechte vorbehalten.
Umschlaggestaltung: BSS Werbeagentur Sachse und Partner, Bietigheim
Druck und Bindung: Wilhelm Röck, Weinsberg. Printed in Germany.
ISBN 3-12-927419-7

Inhalt

Arbeitsblätter

Kapitel 1: Rose Ausländer – Hilde Domin: Leben und Werk

Kapitel 2: „Damit kein Licht uns bliebe" – Verfolgung und Exil

Kapitel 3: „Mutterland Wort" – Schreiben nach Auschwitz

Kapitel 4: „Fürchte dich nicht" – Liebe und Hoffnung

Kapitel 5: „Der Weg auf der Landkarte" – Heimat und Fremde

Kapitel 6: „Wirf deine Angst in die Luft" – Alter und Tod

M 1

Rose Ausländer

Vergiß

Vergiß die
poetische Wahrheit
Es gibt nur
die Wirklichkeit
sagen die Klugen

Vergiß die Wirklichkeit
Es gibt nur die
poetische Wahrheit
sagen die Träumer
die wahre Wirklichkeit

Rose Ausländer

Rose Ausländer, 1975

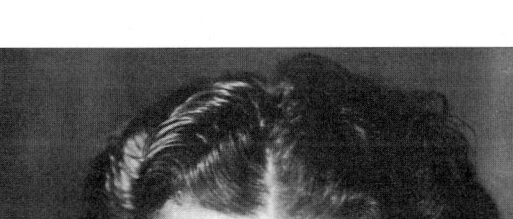

Rose Ausländer, 1932

M 2

Rose Ausländer

Wir kamen heim
ohne Rosen
sie blieben im Ausland

Unser Garten liegt
5 begraben im Friedhof

Es hat sich
vieles in vieles
verwandelt

Wir sind Dornen geworden
10 in fremden Augen

M 1

1901	Rosalie Beatrice „Ruth" Scherzer, wird am 11. Mai in Czernowitz/Bukowina (Österreich) geboren.
1907 – 1919	Schulbesuch: Volksschule, Lyzeum Czernowitz und Wien.
1916 – 1918	Kriegsbedingter Aufenthalt in Wien.
1919	Matura in Czernowitz. Seit 1919 intensive Beschäftigung mit der Philosophie (Platon, Spinoza, Constantin Brunner).
1919 / 1920	Studium der Literatur und der Philosophie an der Universität Czernowitz.
1920	Der Vater stirbt.
1921	Im April Auswanderung in die USA zusammen mit Ignaz Ausländer.
1921 / 1922	Aufenthalt in Minneapolis/St. Paul und Winona. Hilfsredakteurin bei der Zeitschrift *Westlicher Herold* und Redakteurin der Kalenderanthologie *America Herold* (bis 1927). Hier publiziert sie ihre ersten Gedichte.
1922	Übersiedlung nach New York.
ab 1923	Bankangestellte.
1923	Am 19. Oktober Heirat mit Ignaz Ausländer.
1926	Erhalt der Staatsbürgerschaft der USA.
Ende 1926	Trennung von Ignaz Ausländer. Acht Monate in Czernowitz zur Pflege der erkrankten Mutter. Danach Rückreise nach New York.
1930	Am 8. Mai Scheidung von Ignaz Ausländer.
1931	Anfang des Jahres Rückkehr nach Czernowitz.
1931 – 1936	Gedichtpublikationen in Zeitungen, Zeitschriften, Anthologien, journalistische Tätigkeit, Übersetzungen, gibt Englischunterricht.
1934	Aberkennung der amerikanischen Staatsbürgerschaft wegen dreijähriger Abwesenheit aus den USA.
1936	Arbeitet in einer Chemischen Fabrik.
1939	Reisen nach Paris und New York. *Der Regenbogen,* Rose Ausländers erste Buchpublikation, erscheint in Czernowitz.
1941 – 1944	SS-Truppen besetzen Czernowitz. Rose Ausländer wird im Getto der Stadt gefangengesetzt und darf nach Auflösung des Gettos die Stadt nicht verlassen. Zwangsarbeit, Todesnot, Kellerversteck. Sie lernt Paul Celan (Paul Antschel) kennen.
1944	Im Frühjahr besetzen russische Truppen die Bukowina. Die jüdische Bevölkerung wird befreit. Rose Ausländer arbeitet in der Stadtbibliothek.
1945	Im Dezember Ausreiseantrag nach Rumänien.
1946	Im August Ankunft in Bukarest. Im September über Marseille Ausreise nach New York.
1947	Die Mutter stirbt in Satu Mare, Rumänien.
1950 – 1961	Arbeit als Fremdsprachenkorrespondentin in New York.
1949 – 1956	Rose Ausländer schreibt ihre Gedichte ausschließlich in englischer Sprache.
1957	Von Mai bis November Europareise. Drei Treffen mit Paul Celan.
1961	Am 8. Dezember endet krankheitsbedingt die Tätigkeit in New York.
1963	Im Mai Reise nach Wien, wo der Bruder und dessen Familie, aus Rumänien kommend, im Flüchtlingslager eingetroffen sind. Vierwöchiger Aufenthalt in Israel.
1964	Kurze Rückkehr nach New York zur Vorbereitung der endgültigen Übersiedlung nach Wien.
1965	Übersiedlung nach Düsseldorf. *Blinder Sommer,* Rose Ausländers erste Buchpublikation seit 1939 erscheint in Wien.
1966	Rente und Entschädigung als Verfolgte des Naziregimes.
bis 1971	Zeit des Reisens in Europa.
1968	Letztmalig für sechs Monate in den USA.
1966	Silberner Heine-Taler des Verlages Hoffmann und Campe, Hamburg.
1967	Droste-Preis der Stadt Meersburg. *36 Gerechte.*
1972	Endgültiger Einzug ins Nelly-Sachs-Haus, das Elternhaus der jüdischen Gemeinde in Düsseldorf. *Inventar*
1974	*Ohne Visum, Andere Zeichen, Gesammelte Gedichte, Noch ist Raum.*
1977	Ida-Dehmel-Preis der GEDOK Gryphius-Preis; Letzte öffentliche Lesung anläßlich der Preisverleihung. *Doppelspiel; Aschensommer; Selected Poems.*
1978 – 1988	Bettlägerig.
1978 – 1983	Veröffentlichung mehrerer Gedichtbände.
1884	Literaturpreis der Bayerischen Akademie der schönen Künste.
1986	Literaturpreis des Verbandes der Ev. Büchereien für *„Mein Atem heißt jetzt".*
1987	*Ich spiele noch Der Traum hat offenen Augen*
1988	Am 3. Januar stirbt Rose Ausländer im Nelly-Sachs-Haus. Sie wird auf dem jüdischen Friedhof in Düsseldorf beerdigt.
1990	Das Gesamtwerk Rose Ausländers liegt vor.

M 1

Rose Ausländer

Erinnerungen an eine Stadt

Eine entlegene, osteuropäische Stadt, nicht groß, nicht klein:
Czernowitz, die Hauptstadt des Kronlandes Bukowina, der ehemaligen österreichisch-ungarischen Monarchie. Die Bukowina, auch
„Buchenland" genannt von den Nordostkarpaten breitet sie sich
5 hin über die waldreichen Berge und Hügel des Karpaten-Vorlan-
des, zur podolischen Steppentafel im Norden, zur bessarabischen
im Osten. Ende des 14. Jahrhunderts findet sich die erste urkund-
liche Erwähnung als „Buchenland". Der Süden ist altes rumäni-
sches Stammland unter moldauischen Fürsten. 1514 kommt die
10 Bukowina für ein Vierteljahrtausend unter türkische Oberhoheit.
1775 fällt sie an die Habsburger Doppelmonarchie, die sie später
zum selbständigen Kronland macht. Die etwa 160 000 bis 170 000
Einwohner der Stadt Czernowitz setzten sich aus Deutschen, Ukrai-
nern, Juden, Rumänen sowie Minderheiten von Polen und Madjaren
15 zusammen. [...]

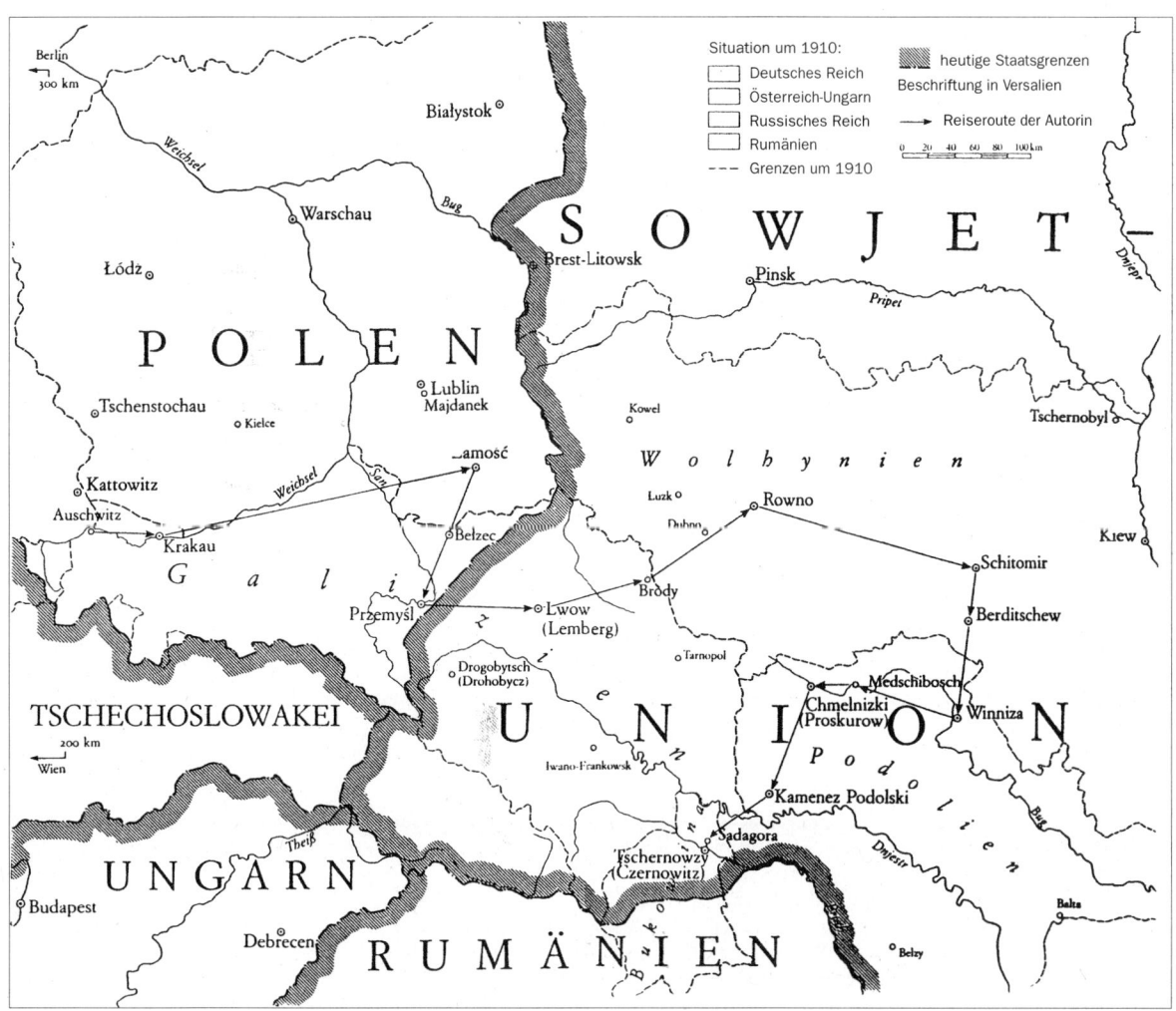

Czernowitz war häßlich und schön: architektonisch stillos, uninteressant, aber landschaftlich lieblich und von eigentümlichem Reiz. Eigentlich ist die Stadt ein enormer Hügel. Vom Flußtal des Pruth erhebt sie sich in steter Steigung ungefähr 150 bis 200 Meter bis zum waldgroßen
20 Volksgarten. Auch andere hügelige Naturparks und viele blumenreiche Privatgärten zierten die Stadt. Sie ist von einer Kette prächtiger alter Buchenwälder umschlossen, wo Amseln, Drosseln und Nachtigallen sommers ihren Stimmen freien Lauf lassen. Östliches Kulturzentrum und seit 1875 Universitätsstadt, aber auch eine lebhafte Industrie- und
25 Handelsstadt, wirtschaftliches Zentrum eines großen Einzugsgebietes, das nicht nur die ganze Bukowina, sondern auch Nordbessarabien und den nördlichen Teil der Moldau umfaßte. Man las viel, nicht nur Zeitungen, Zeitschriften, Sekundärliteratur und Unterhaltungslektüre, sondern gute, beste Literatur. Man diskutierte mit Feuereifer, musizierte
30 und sang. Das Stadttheater war immer gut besucht, bei Gastspielen ausverkauft. Ein beträchtlicher Teil der Jugend, geistig aufgeschlossen, war von unersättlicher Wißbegier. Das zentrale Interesse vieler Intellektuellen galt nicht dem ehrgeizigen Planen einer einträglichen Karriere, nicht einem technisch höheren Lebensstandard, es ging ihnen vielmehr um
35 erkenntnisreiche Einsichten, sei es auf Wegen der Wissenschaft, Philosophie, Politik oder durch das Erlebnis von Mystik, Kunst, Dichtung und Musik. Ein Teil der intellektuellen Jugend war politisch engagiert. – Es war kein „Salon"-Engagement. Diese jungen Menschen brachten die schwersten Opfer, wurden in den Kerker geworfen, mißhandelt und
40 von der Polizei auf grauenvolle Weise gefoltert, ohne über und gegen ihre Genossen etwas auszusagen. Ein anderer Teil der Jugend war musisch interessiert. Trafen sich Freunde, geriet man in leidenschaftliches Diskutieren über philosophische, literarische, künstlerische Themen und Probleme – bis in die Morgenstunden. […]
45 Hier gab es: Schopenhaueriander, Nietzscheanbeter, Spinozisten, Kantianer, Marxisten, Freudianer. Man schwärmte für Hölderlin, Rilke, Stefan George, Trakl, Else Lasker-Schüler, Thomas Mann, Hesse, Gottfried Benn, Bertold Brecht. Man verschlang die klassischen und modernen Werke der fremdsprachigen, insbesondere der französischen, russi-
50 schen, englischen und amerikanischen Literatur. Jeder Jünger war von der Mission seines Meisters durchdrungen. Man huldigte selbstlos und mit vehementer Begeisterung. Begeisterung: ein Wort, das die moderne Kritik als „Pathos" oder Sentimentalität ablehnt. In dieser Atmosphäre war ein geistig interessierter Mensch geradezu „gezwungen", sich mit
55 philosophischen, politischen, literarischen oder Kunstproblemen auseinanderzusetzen oder sich auf einem dieser Gebiete selbst zu betätigen. – Eine versunkene Stadt. Eine versunkene Welt. (1976)

Alte Synagoge in Czernowitz

Ansichten aus dem alten Czernowitz

M 1

Rose Ausländer: **Über Leben und Schreiben**

„Als ich mein erstes Gedicht schrieb, war ich siebzehn; ich lebte in Czernowitz, gedruckt wurde ein Gedicht von mir erstmals 1922, ich war 21 Jahre alt, in Minneapolis/St. Paul; ich war 38 und wieder in die Heimat zurückgekehrt, als mein erstes Buch erschien: *Der Regenbogen.*
5 Die erste Kritik zu diesem Buch stand 1940 in einer Zeitung in Genf; meinen ersten Literaturpreis erhielt ich mit 56 in New York – meinen bisher letzten mit 83, bettlägerig im Nelly-Sachs-Haus in Düsseldorf –, es muß nicht unbedingt der letzte bleiben, ich bin jetzt leicht zu finden, meinen Aufenthaltsort kann ich lebend nicht mehr ändern.
10 Zwischen 17 und 83 liegen die Meilensteine meines Dichterlebens: Gedichte, Bücher, Leser, Kritiken und Preise. Wie viele Gedichte? Der Herausgeber sagt ca. 2500; Bücher wurden es bisher fast dreißig. Die Zuschriften der Leser stapeln sich zu Tausenden, Antwort ist mir nicht mehr möglich, fast wöchentlich schickt der Verlag Kopien von Kritiken,
15 und da das Gedächtnis nachläßt – sehen Sie es einer vergeßlichen Frau nach –, bekomme ich die Literaturpreise gar nicht mehr alle zusammen. Und was das Leben, die Jahre, die Gedichte, die Bücher, die Leser und die Kritiker nicht geschafft haben, das schaffen die Literaturpreise: Sie machen alt! Als die Preisvergabe durch die Medien bekannt wurde, habe
20 ich mir die Kritiken und Würdigungen vorlesen lassen – Rose Ausländer ist die große *alte* Dame der deutschen Lyrik, habe ich erfahren. Nun, ich habe viel erlebt, manches ertragen, ich werde auch dies überstehen."

M 2

Rose Ausländer: **Die Entwicklung meiner Lyrik**

„Das *Ästhetische* meiner schreibenden Existenz betreffend: Ich bin an erster und letzter Stelle Lyrikerin, wodurch, wie ich sagte, meine Situation noch erheblich erschwert ist. Ich habe, wie alle Schriftsteller, im Laufe meines Lebens verschiedene Stilphasen durchgemacht und durchlit-
5 ten, denn nichts kommt einfach vom Himmel ohne Kampf und Krampf, Arbeit und Verzweiflung – und auch ein bißchen Freude. Ich begann (wie fast alle Dichter) mit traditioneller Lyrik. Meine frühen Einflüsse waren: Goethe, Heine, später und weit nachdrücklicher Hölderlin, Rilke, Trakl, Kafka. Aber auch in meinen frühen Gedichten verwendete ich oft
10 eigene Metaphern und Bilder. Ein Kritiker hat vor einem Jahr in einem Heft der *Akzente* richtig festgestellt, daß die berühmte Metapher aus Paul Celans *Todesfuge:* „schwarze Milch" von mir stammt (aus meinem Lyrikbuch *Der Regenbogen*). Mein stärkstes Erlebnis, das einzig schöne, während der Naziverfolgung in Czernowitz, 1942/43, war die Begeg-
15 nung mit Paul Celan, dessen erste Gedichte mich tief beeindruckten. Ich bin mir aber keiner Beeinflussung meiner Lyrik durch seine bewußt, ich ging einen anderen Weg, ich meine formal stilistisch: einen offeneren, zugänglicheren. Unsere Motive freilich sind oft die gleichen, die zentrale Idee: der Tod – mit den dazugehörigen Gedanken: Krieg, Angst,
20 Horror, Entfremdung, Einsamkeit, Vergeblichkeit, unsere entmenschte, entmenschende Zeit."

M 1

Rose Ausländer: **Biographische Notiz**

Ich rede
von der brennenden Nacht
die gelöscht hat
der Pruth

5 von Trauerweiden
Blutbuchen
verstummtem Nachtigallsang

vom gelben Stern
auf dem wir
10 stündlich starben
in der Galgenzeit

nicht über Rosen
red ich

Fliegend
15 auf einer Luftschaukel
Europa Amerika Europa

ich wohne nicht
ich lebe

M 2

Rose Ausländer: **Sadagora**

Sadagora
Hof des Wunderrabbi
betende Scharen
erzählte Wunder

5 Bedeutende Märchen
fürwahr
ich glaube
sie gern

Komm Stern
10 gib Zeichen
Lächle Rabbi

M 3

Rose Ausländer

Dennoch Rosen
sommerhoch
Schmetterlinge
Möwenschwingen
5 überm Fluß

Nein
ich vergesse nicht
die eingebrannten Jahre
ich vergesse nicht
10 daß Stiefel
den Regenbogen zertraten
daß sie sich rüsteten
uns zu verwandeln in
Feuerrosen Feuerfalter Feuerschwingen

15 dennoch sommerhoch
der Duft
die Doppelflügel überm Fluß
das Gold auf meiner Haut

und die toten Rosen
20 nach der Nacht

Hilde Domin, 1991

M 1

Hilde Domin

Nicht müde werden

Nicht müde werden
sondern dem Wunder
leise
wie einem Vogel
die Hand hinhalten.

Hilde Domin

M 2

Hilde Domin

Einhorn

Die Freude
dieses bescheidenste Tier
dies sanfte Einhorn

so leise
man hört es nicht
wenn es kommt, wenn es geht
mein Haustier
Freude

wenn es Durst hat
leckt es die Tränen
von den Träumen.

Hilde Domin

Hilde Domin, 1930

M 1

Hilde Domin[1], geb. 27. VII. 1912 in Köln. Vater Dr. Eugen Löwenstein, Rechtsanwalt (Düsseldorfer). Mutter als Sängerin ausgebildet (Frankfurterin), beide jüd. Glaubens.

Humanistisches Mädchengymnasium Merlo-Mevissen. Abitur 1929.
Entscheidende Eindrücke während der Schulzeit: der Vater als Strafverteidiger eines unschuldig Angeklagten.

Studium: zunächst Jura. Dann nationalökonomische Theorie, Soziologie, Philosophie. Wichtigste Lehrer: Karl Jaspers, Karl Mannheim. – Marxistisches Training.
Universitäten: Heidelberg; Köln-Bonn, Berlin, Heidelberg, Rom, Florenz.

Oktober 1932: Die NS-Machtergreifung voraussehend, wandert Hilde Domin zusammen mit Erwin Walter Palm, Student der klassischen Archäologie und Philologie, in sein Arbeitsgebiet, Rom, aus.

1933: Italien wird zum Exil. Die geplante Umsiedlung in die spanische Republik scheitert.
Herbst 1933: Die Eltern verlassen Deutschland.
Fortsetzung des Studiums.

Teilnahme an Palms klassischen Studien, 1935: Dott. in Scienze Pol. an der Universität Florenz bei (dem Nicht-Faschisten) Armando Sapori. Thema: ‚Pontanus als Vorläufer von Macchiavelli‘. Verzicht auf die nach dem Doktorexamen angebotene Universitätslaufbahn, damit Verzicht auf die Fortsetzung der eigenen wissenschaftlichen Arbeit.

1936: Rückkehr nach Rom und Heirat. Die sich immer weiter erschwerenden Umstände des Exils machen die Mitarbeit an den Arbeiten Palms bis zu seiner Berufung an die Universität Heidelberg, 1960, notwendig. – Übersetzungsarbeiten in und aus vier Sprachen. Verdienst des Lebensunterhalts durch Sprachunterricht.

Februar 1939 – Juni 1940: England. Zunächst London. Seit Kriegsausbruch Sprachlehrerin am St. Aldwyn's College, Minehead (Somerset).

1940 – 1954: Die Dominikanische Republik wird zum dritten Asylland. Enge Kontakte zu dominikanischen und spanischen Intellektuellen und Künstlern. – Ausbildung als Photographin, Architekturphotographie. Seit 1948 Dozentin für Deutsch an der Universität Santo Domingo.

1945 – 1954: vier längere Aufenthalte in den USA.

Herbst 1951: Erste Gedichte. Beginn einer neuen Existenz.

Herbst 1953: Abschluß der ersten Gedichtperiode mit *Wen es trifft* in Vindhaven (Maine), USA.

Januar 1954: Santo Domingo, Verpackung der mehr als 10 000 mitgewanderten Bücher in Zinkkisten, um sie bei der vorhergesehenen langen Abwesenheit vor Termiten und Feuchtigkeit zu schützen.

Februar 1954: Rückkehr nach Deutschland. Es folgen sieben Jahre in möblierten Zimmern, Leben aus Koffern. Insgesamt vier Jahre in Spanien.

1954/55 in München. Reisen durch die Bundesrepublik, ganz den Erfahrungen der Rückkehr geöffnet.

1955 – 1957: 1. Spanienaufenthalt. Freundschaftliche Beziehungen zu Vicente Aleixandre und Dámaso Alonso. Neue Gedichte. Seit Juli 1956 Veröffentlichung von Gedichten in spanischer Übersetzung, in der Aleixandre verbundenen Zeitschrift *Caracola*, Málaga (in der auch Exilspanier veröffentlichten).

Mitte 1957 – Februar 1959: in Frankfurt.
Aufnahme von literarischen Kontakten. Dezember 1957: Erste größere Gedichtveröffentlichungen in *Akzente* und *Neue Rundschau*. Der S. Fischer Verlag bietet an, einen Gedichtband zu drucken. Von da an kontinuierliche Veröffentlichungen von Lyrik, Prosa, Essay in Zeitungen und Zeitschriften. Vorher, dank der Begegnung mit Dr. Franz Joseph Schöningh, einzelne Gedichte in *Hochland* (1954, 1956, 1957).

Februar 1959 – Mai 1959: Klausur in Astano (Tessin). Abschluß des Manuskripts von *Nur eine Rose als Stütze*. Fortsetzung der in Frankfurt begonnenen Prosaarbeiten. Besuch bei Hermann Hesse. Zweiter Spanienaufenthalt (1959–1961).

Herbst 1959: *Nur eine Rose als Stütze* erscheint im S. Fischer Verlag. – Das Buch wird Hilde Domin nach Madrid zugeschickt.

Herbst 1960: Erwin Walter Palm nimmt die Lehrtätigkeit an der Universität Heidelberg auf.

Januar 1961: Abschluß der ersten Fassung des Romans *Das zweite Paradies*, in Madrid. Das Manuskript des zweiten Gedichtbandes fortgeschritten.

Februar 1961: Einzug in die Wohnung Hainsbachweg 8, Heidelberg. Ankunft der Bücher aus Santo Domingo.

Erste öffentliche Lesung: April 1961, in der Heimatstadt Köln (Stadtkölnisches Mus5eum); November 1961; Kammerspiele, Hamburg.

1962 – 1996: Als Gegengewicht zum Schreiben, regelmäßige Lese- und Vortragstätigkeit, etwa zwanzig Lesungen pro Jahr (Literarische Gesellschaften, Universitäten, Volkshochschulen, Buchhandlungen, Rundfunk). Nach den Abendlesungen vormittags Interpretationsübungen in Gymnasien, Realschulen, auch Hauptschulen. Seit Anfang 1976 regelmäßige Lesungen in Haftanstalten in Nordrhein-Westfalen (*Mit Worten unterwegs. Autoren lesen für Inhaftierte*). Teilnahme an Tagungen.

Poetikprofessur an den Universitäten Frankfurt (1987/88) und Mainz (1988/89). Mitglied und/oder Ehrenmitglied verschiedener deutscher und auswärtiger Akademien und Gesellschaften. Übersetzungen in 16 Sprachen, darunter Chinesisch und Japanisch.

[1] Domin ist ein aus dem Exilort Santo Domingo (Dominikanische Republik) abgeleitetes Pseudonym. In dieser Stadt fing Hilde Domin 1951 zu schreiben an.

M 1

Hilde Domin: **Rückkehr in die Sprache**

Der vor dem Rassenhaß Flüchtende ist nur der Unglücklichste, der am meisten Verneinte unter den Exildichtern überhaupt. Und während er noch flieht und verfolgt wird, vielleicht sogar umge-
5 bracht, rüstet sich sein Wort schon für den Rückweg, um einzuziehen in das Lebenszentrum der Verfolger, ihre Sprache. Und so erwirbt er ein unverlierbareres Bürgerrecht, als wenn er friedlich hätte zu Hause bleiben dürfen und vielleicht sein
10 Wort nicht diese Kraft einer äußersten Erfahrung hätte, die es so stark macht (oder gar nicht erst entstanden wäre). Und er kann nicht anders als die Sprache lieben, durch die er lebt und die ihm Leben gibt. In der ihm doch sein Leben beschädigt
15 wurde. Das äußerste Vertrauen und die Panik fallen hier zusammen, das Ja und das Nein sind nie mehr zu trennen. Entscheidung ist hier vorweggenommen, Versöhnung des Unversöhnbaren generiert sich selbst, ein – wenn auch kleiner, gemessen
20 am Ausmaß des Unheils-Beweises, ein Abglanz noch von jener Kraft, die ‚stets das Böse will und stets das Gute schafft'.

M 2

Hilde Domin: „Dennoch-Vertrauen"

Das Hauptwort in meinen Lebensberichten, den autobiographischen wie den andern, ist Vertrauen: sich regenerierendes Vertrauen, widerständiges Vertrauen, Dennoch-Vertrauen. […]
5 „Nicht im Stich lassen, sich nicht und andere nicht, das ist die Mindest-Utopie, ohne die es sich nicht lohnt, Mensch zu sein." An ihr halte ich fest bis zu meinem letzten Atemzug.
Kürzlich, im Juli 1991, um eine Stellungnahme gebeten, faßte ich mein politisches Credo nach die-
10 sem so aufregenden Leben – nein, besser: in diesem so aufregenden Leben – so zusammen:
Ich glaube, das Wichtigste ist, daß wir nicht nur die Erinnerung an das Erlittene weitergeben, son-
15 dern auch die Erinnerung an die empfangene Hilfe. Und daß wir die jungen Menschen dazu ermutigen, nie wegzusehen, sondern immer hinzusehen, wenn Unrecht geschieht, und die Welt zum Menschlicheren hin zu verändern: nicht durch Ideolo-
20 gien, sondern indem der einzelne, wo Hilfe nötig ist, das Schicksal eines einzelnen zum Besseren wendet.

M 3

„Wiedergeburt", das war, als ich plötzlich anfing zu schreiben. Diese Wiedergeburt läßt sich genau datieren: auf den November 1951, fast drei Jahre vor meiner Rückkehr. Im übrigen ist jedes Buch ein „Befreiungsakt". Auch jedes Gedicht. Benennen, ins Wort bringen, also „objektivieren" macht frei – oder doch freier. Die Erfahrung von Exil, und Rückkehr aus dem Exil, ist in meiner Lyrik ebenso da wie in der Prosa.

M 4

Hilde Domin: **Köln**

Die versunkene Stadt
für mich
allein
versunken.

5 Ich schwimme
in diesen Straßen.
Andere gehn.

Die alten Häuser
haben neue große Türen
10 aus Glas.

Die Toten und ich
wir schwimmen
durch die neuen Türen
unserer alten Häuser.

M 5

Hilde Domin: **Landen dürfen**

Ich nannte mich
ich selber rief mich
mit dem Namen einer Insel.

Es ist der Name eines Sonntags
5 einer geträumten Insel.
Kolumbus erfand die Insel
an einem Weihnachtssonntag.

Sie war eine Küste
etwas zum Landen
10 man kann sie betreten
die Nachtigallen singen an Weihnachten dort.

Nennen Sie sich, sagte einer
als ich in Europa an Land ging,
mit dem Namen Ihrer Insel.

A 9 Rose Ausländer und Hilde Domin im Vergleich

1. Die Biographien beider Autorinnen weisen Ähnlichkeiten auf in:

a) _____

b) _____

c) _____

d) _____

e) _____

2. Ihr Lebensweg und ihre Einstellungen weisen auch deutliche Unterschiede auf in:

a) _____

_____

b) _____

_____

3. Skizzieren Sie die Bedeutung der Heimat für beide Autorinnen.

a) Ausländer _____

_____

b) Domin _____

_____

4. Wie schätzen Sie die Bedeutung des Judentums für die Dichtung beider Autorinnen ein? (Belege)

a) Ausländer _____

_____

b) Domin _____

_____

5. Nennen Sie fünf Merkmale, die die Gedichte der beiden Autorinnen verbinden und sie als typisch für moderne Lyrik auszeichnen.

a) _____

b) _____

c) _____

d) _____

e) _____

M 1

Rose Ausländer

Jerusalem

Wenn ich den blauweißen Schal
nach Osten hänge
schwingt Jerusalem herüber zu mir
mit Tempel und Hohelied

5 Ich bin fünftausend Jahre jung

Mein Schal
ist eine Schaukel

Wenn ich die Augen nach Osten
schließe
10 schwingt Jerusalem auf dem Hügel
fünftausend Jahre jung
herüber zu mir
im Orangenaroma

Altersgenossen
15 wir haben ein Spiel
in der Luft

M 2

Hilde Domin

Lied zur Ermutigung II

Lange wurdest du um die türelosen
Mauern der Stadt gejagt.

Du fliehst und streust
die verwirrten Namen der Dinge
5 hinter dich.

Vertrauen, dieses schwerste
A B C

Ich mache ein kleines Zeichen
in die Luft,
10 unsichtbar,
wo die neue Stadt beginnt,
Jerusalem,
die goldene,
aus Nichts.

M 3

Else Lasker-Schüler

Sulamith

O, ich lernte an Deinem süssen Munde
Zu viel der Seligkeiten kennen!
Schon fühl' ich die Lippen Gabriels
 Auf meinem Herzen brennen …
5 Und die Nachtwolke trinkt
Meinen tiefen Cederntraum.
O, wie Dein Leben mir winkt!
 Und ich vergehe
Mit blühendem Herzeleid
10 Und verwehe im Weltraum,
 In Zeit,
 In Ewigkeit,
Und meine Seele verglüht in den Abendfarben
 Jerusalems.

M 4

Hilde Domin

Lied zur Ermutigung II

Von *Lied zur Ermutigung II* hätte ich zuerst nur sagen können, daß es etwas zugleich besonders Helles und besonders Verzweifeltes ist. Daß es die fatale Wirklichkeit formuliert, ohne sich zu drücken: die
5 Vertrauenskrise, die Sprachkrise, die schon konstitutionell gewordene Verlogenheit, nach dem Zerbrechen der Zugehörigkeiten. Und daß aus dem Unlebbaren plötzlich etwas Lebbares auftaucht oder hingehalten wird, ein Trotzdem. Auch, daß das Ge-
10 dicht besonders charakteristisch für mich ist, in diesem Zwiespalt, der immer da ist, aber nicht immer so deutlich. Daß aber alles aufs einfachste ausgedrückt ist und nichts darüber hinaus zu erklären bleibt.
Später könnte ich z.B. fragen, ob dies Lebbare im
15 Unlebbaren, die „Stadt aus Nichts" vielleicht das Gedicht selber sei, das Wort, die Sprache. Etwas wie „Ich setzte den Fuß in die Luft / und sie trug"? Aber das wäre zu eng, auch wenn es mit darin wäre. [...]
Die erste Zeile bricht bei „türelosen", damit hier der
20 Atem steigt: Man hört, man sieht nur „türelosen", es ist das entscheidende Wort der ersten Strophe. Sind Stadtmauern türelos? Falls überhaupt, wieso nicht „torelos"? Ich erinnere mich noch, daß ich lieber „torelos" geschrieben hätte, aber es hieß „türelos" und
25 ich konnte „torelos" nicht schreiben, „türelos" verdrängte „torelos" in mir, ließ sich auch später nicht weg-"redigieren". Wohl hauptsächlich wegen des hohen Vokals, der den Atem hebt. Daß dem einzelnen schon eine Tür genügt zum Eintritt, zur Ret-
30 tung, daß „Türe" auch sichtbarer ist (weil – bei einer Stadtmauer – unerwarteter) kann mitgespielt haben, ist vielleicht aber nur eine nachträgliche Rationalisierung der Wortwahl. Auf jeden Fall ist diese Mauer ohne Öffnung, ohne Zugang, für den Gejagten, der
35 hineingehört und draußen ist, sei er nun ein Ich, ein Du oder wer immer. Wenn ich ihn sehe, wie er um die Mauer der Stadt gejagt wird, so fällt mir Hector ein, sein Todeslauf. Die Mauern von Troja hatten Türen oder auch Tore, in seinem Falle sogar schutz-
40 bereite Tore, nur er wurde so gehetzt, daß er nicht hineinkonnte. Praktisch waren sie für ihn also torelos. Dabei wäre eine einlaßlose Mauer als solche ein Absurdum. Eine Stadtmauer hat nun einmal Tore. Sie ist „türelos" nur vom Gejagten her gesehen, für
45 den diese Türen nicht funktionieren, und also wird sie kurzerhand zu dem, was sie ex natura nicht sein kann. [...]
Vielleicht ist diese Stadt das Land, aus dem das „du" dieses Gedichts vertrieben wurde, keine Ruhe fin-
50 dend als es draußen war. Oder ist sie ein anderes „ich", das sich verschlossen hat? Man kann es auf beide Weisen lesen, beides ist oder kann darin sein.

Eine andere Stimme, in anderem Ton, antwortet im zweiten Teil und sagt einen einzigen Satz, in einem
55 einzigen Atemzug, obwohl der Atem mehrfach innehält, aber nicht um zu fallen, sondern um mehr Luft zu haben, um weiter anzusteigen, euphorischer, bis in die letzte Zeile, die vom Atem isoliert und besonders hingehalten wird: Rettung, die Beklommenheit
60 löst.
Das rettende Zeichen ist ein unsichtbares, aufs äußerste wird betont, daß es sich hier um nichts Materielles handelt. Das „Zeichen" ist nichts als ein Zeichen, überdies „klein", überdies „in die Luft" ge-
65 schrieben, wie anders als „unsichtbar"? Das Attribut „unsichtbar" dient dazu, es wörtlicher und konkreter zu machen, sonst wäre es ja unnötig. Das Wort „unsichtbar" macht „sichtbar". – Das Zeichen erscheint nicht von ungefähr, ich „mache" es. Da ist ein Ent-
70 schluß, ein Mensch, der es übernimmt, etwas gegen die Angst zu tun. Ist das „ich" das gleiche wie das verfolgte und verängstigte „du" des ersten Teils, hat es sich gespalten? Tröstet es sich selbst? Tröstet es ein anderes? Ich lasse es offen. Gewiß ist nur, daß das
75 „Zeichen" alles ändert, daß es die Verstrickung durchbricht. Die „neue Stadt beginnt". Das ist zeitlich gesagt, sie „beginnt" in dem Augenblick, wo einer die Hand hebt und das Zeichen macht. Örtlich: in der Luft, bei dem Zeichen. Ein sehr genauer, unörtlicher
80 Ort, überall und nirgends, aber in unserm Alltag gelegen, da beginnt sie, die Gegenstadt gegen die Stadt der ersten Strophe. Es ist eine „neue" Stadt. Sie hat also nichts von dem Schrecken und der Ungastlichkeit der alten, es ist ein Neuanfang. Aber eine „Stadt",
85 also eine Zuflucht. Warum Jerusalem? Ich dachte an spätrömische Mosaiken, in einer Apsiskuppel. Jerusalem, das vieltorige, die offenen Tore, die einladende himmlische Stadt, Schutz, Heil, Unvertreibbarkeit. Also auch Vertrauen, Sprachvertrauen, Wahrheit. Die
90 utopische Stadt, die Stadt der Heilsverheißung, man sieht sie die Jahrhunderte hindurch am Horizont der alten Bilder liegen. Das Epitheton „golden" dürfte von den goldenen Mosaiken kommen. Gold ist auch die Farbe der umkippenden Verzweiflung, der „Eu-
95 phorie in extremis", die Farbe des äußersten Lichts. Zum dritten und letzten wird die neue Stadt eine „Stadt aus Nichts" genannt. Aus Nichts, also unverlierbar. Ob dies nun auf das Land oder auf einen Menschen bezogen ist, gleichviel. Diese „Stadt aus Nichts",
100 die ein einziger Mensch mit einem einzigen Atemzug errichtet, macht die Welt wieder bewohnbar, für das Ich und das Du, denn beide wohnen darin, seien sie nun derselbe oder zwei. Und mit ihnen jeder, der sie braucht.

M 1

Rose Ausländer

Czernowitz 1941. Nazis besetzten die Stadt, blieben bis zum Frühjahr 1944. Getto, Elend, Horror, Todestransporte. In jenen Jahren trafen wir Freunde uns zuweilen heimlich, oft unter Lebensgefahr, um Gedichte zu lesen. Der unerträglichen Realität gegenüber gab es zwei Verhaltensweisen: entweder man gab sich der Verzweiflung preis, oder man übersiedelte in eine andere Wirklichkeit, die geistige. Wir zum Tode verurteilten Juden waren unsagbar trostbedürftig. Und während wir den Tod erwarteten, wohnten manche von uns in Traumworten – unser traumatisches Heim in der Heimatlosigkeit. Schreiben war Leben. Überleben.
„…Auf den flüchtenden Kähnen / löschen die Wimpel den Traum, von den Himmeln …" – „…daß die unsichtbaren Gestirne aufblühen." Diese und viele andere Verse las mir ein junger Mann vor, den 1944 ein Freund zu mir brachte: Paul Antschel-Celan. Als Revanche las ich das nächste Mal meine neuentstandenen Gedichte, die er sehr lobte.

M 2

Getto-Grenze

M 3

Rose Ausländer

Ohne Wein und Brot

In unserm Herzen ist die Nacht zu Haus
und will dem Lichte eines Tags nicht weichen.
An unsre Schläfe schlägt die Fledermaus
ein unentwirrbar blutiges Hakenzeichen.

5 An allen Enden fletschen ihre Zähne
die Wölfe, ihre Augen funkeln rot.
Es rüsten sich des greisen Volkes Söhne
zum Abendmahle ohne Wein und Brot.

Die Silberbecher rollen aus der Hand.
10 Die Brunnen sind vergast. Die Lüfte stechen.
Was wir besitzen: eine Klagewand,
an der die Fluten unsrer Tränen brechen.

M 4

Rose Ausländer

Damit kein Licht uns liebe

Sie kamen
mit scharfen Fahnen und Pistolen
schossen alle Sterne und den Mond ab
damit kein Licht uns bliebe
5 damit kein Licht uns liebe

Da begruben wir die Sonne
Es war eine unendliche Sonnenfinsternis

M 5

Rose Ausländer

Schallendes Schweigen

Manche haben sich gerettet

Aus der Nacht
krochen Hände
ziegelrot vom Blut
5 der Ermordeten

Es war ein schallendes Schauspiel
ein Bild aus Brand
Feuermusik.
Dann schwieg der Tod
10 Er schwieg

Es war ein schallendes Schweigen
Zwischen den Zweigen
lächelten Sterne

Die Geretteten warten im Hafen
15 Gescheiterte Schiffe liegen
Sie gleichen Wiegen
ohne Mutter und Kind

M 6

Rose Ausländer

Verwundert

Wenn der Tisch nach Brot duftet
Erdbeeren der Wein Kristall

denk an den Raum aus Rauch
Rauch ohne Gestalt

5 Noch nicht abgestreift
das Gettokleid

sitzen wir um den duftenden Tisch
verwundert
daß wir hier sitzen

M 7

Paul Celan

ESPENBAUM, dein Laub blickt weiß ins Dunkel.
Meiner Mutter Haar ward nimmer weiß.

Löwenzahn, so grün ist die Ukraine.
Meine blonde Mutter kam nicht heim.

5 Regenwolke, säumst du an den Brunnen?
Meine leise Mutter weint für alle.

Runder Stern, du schlingst die goldne Schleife.
Meiner Mutter Herz ward wund von Blei.

Eichne Tür, wer hob dich aus den Angeln?
10 Meine sanfte Mutter kann nicht kommen.

M 8

Rose Ausländer

In Memoriam Paul Celan

„Meine blonde Mutter
kam nicht heim"
                    Paul Celan

Kam nicht heim
die Mutter

nie aufgegeben
den Tod

5 vom Sohn genährt
mit Schwarzmilch

die hielt ihn am Leben
das ertrank
im Tintenblut

*

10 Zwischen verschwiegenen Zeilen
das Nichtwort
im Leerraum
leuchtend

M 1

Paul Celan

Todesfuge

Schwarze Milch der Frühe wir trinken sie abends
wir trinken sie mittags und morgens wir trinken sie nachts
wir trinken und trinken
wir schaufeln ein Grab in den Lüften da liegt man nicht eng
5   Ein Mann wohnt im Haus der spielt mit den Schlangen der schreibt
der schreibt wenn es dunkelt nach Deutschland dein goldenes Haar Margarete
er schreibt es und tritt vor das Haus und es blitzen die Sterne
er pfeift seine Rüden herbei
er pfeift seine Juden hervor läßt schaufeln ein Grab in der Erde
10 er befiehlt uns spielt auf nun zum Tanz

Schwarze Milch der Frühe wir trinken dich nachts
wir trinken dich morgens und mittags wir trinken dich abends
wir trinken und trinken
Ein Mann wohnt im Haus und spielt mit den Schlangen der schreibt
15 der schreibt wenn es dunkelt nach Deutschland dein goldenes Haar Margarete
Dein aschenes Haar Sulamith wir schaufeln ein Grab in den Lüften da liegt man
    nicht eng
Er ruft stecht tiefer ins Erdreich ihr einen ihr andern singet und spielt
er greift nach dem Eisen im Gurt er schwingts seine Augen sind blau
20 stecht tiefer die Spaten ihr einen ihr andern spielt weiter zum Tanz auf

Schwarze Milch der Frühe wir trinken dich nachts
wir trinken dich mittags und morgens wir trinken dich abends
wir trinken und trinken
ein Mann wohnt im Haus dein goldenes Haar Margarete
25 dein aschenes Haar Sulamith er spielt mit den Schlangen
Er ruft spielt süßer den Tod der Tod ist ein Meister aus Deutschland
er ruft streicht dunkler die Geigen dann steigt ihr als Rauch in die Luft
dann habt ihr ein Grab in den Wolken da liegt man nicht eng

Schwarze Milch der Frühe wir trinken dich nachts
30 wir trinken dich mittags der Tod ist ein Meister aus Deutschland
wir trinken dich abends und morgens wir trinken und trinken
der Tod ist ein Meister aus Deutschland sein Auge ist blau
er trifft dich mit bleierner Kugel er trifft dich genau
ein Mann wohnt im Haus dein goldenes Haar Margarete
35 er hetzt seine Rüden auf uns er schenkt uns ein Grab in der Luft
er spielt mit Schlangen und träumet der Tod ist ein Meister aus Deutschland
dein goldenes Haar Margarete
dein aschenes Haar Sulamith

M 2

Paul Celan: **Psalm**

Niemand knetet uns wieder aus Erde und Lehm,
niemand bespricht unsern Staub.
Niemand.

Gelobt seist du, Niemand.
5 Dir zulieb wollen
wir blühn.
Dir
entgegen.

Ein Nichts
10 waren wir, sind wir, werden
wir bleiben, blühend:
die Nichts-, die
Niemandsrose.

Mit
15 dem Griffel seelenhell,
dem Staubfaden himmelswüst,
der Krone rot
vom Purpurwort, das wir sangen
über, o über
20 dem Dorn.

M 3

Theodor W. Adorno

1.
Noch das äußerste Bewußtsein vom Verhängnis
droht zum Geschwätz zu entarten. Kulturkritik findet sich der letzten Stufe der Dialektik von Kultur
5 und Barbarei gegenüber: nach Auschwitz ein Gedicht zu schreiben, ist barbarisch, und das frißt auch
die Erkenntnis an, die ausspricht, warum es unmöglich ward, heute Gedichte zu schreiben. Der abso-
luten Verdinglichung, die den Fortschritt des Gei-
10 stes als eines ihrer Elemente voraussetzte und die
ihn heute gänzlich aufzusaugen sich anschickt, ist
der kritische Geist nicht gewachsen, solange er bei
sich bleibt in selbstgenügsamer Kontemplation.

*

2.
Das perennierende Leiden hat soviel Recht auf Ausdruck wie der Gemarterte zu brüllen; darum mag
falsch gewesen sein, nach Auschwitz ließe kein Gedicht mehr sich schreiben.

M 4

Nelly Sachs: **Welt, frage nicht die Todentrissenen**

Welt, frage nicht die Todentrissenen,
wohin sie gehen,
sie gehen immer ihrem Grabe zu.
Das Pflaster der fremden Stadt
5 war nicht für die Musik von Flüchtlingsschritten gelegt worden –
die Fenster der Häuser, die eine Erdenzeit spiegeln
mit den wandernden Gabentischen der Bilderbuchhimmel
wurden nicht für Augen geschliffen,
die den Schrecken an seiner Quelle tranken.

10 Welt, die Falte ihres Lächelns hat ihnen ein starkes Eisen eingebrannt;
sie möchten so gerne zu dir kommen
um deiner Schönheit wegen,
aber wer heimatlos ist, dem welken alle Wege
wie Schnittblumen hin –

15 Aber, es ist uns in der Fremde
eine Freundin geworden: die Abendsonne.
Eingesegnet von ihrem Marterlicht
sind wir geladen zu ihr zu kommen mit unserer Trauer,
die neben uns geht:
20 Ein Psalm der Nacht.

M 1

Ruth Klüger

Eine Jugend in Wien

Ich kenne die Stadt meiner ersten elf Jahre schlecht. Mit dem Judenstern hat man keine Ausflüge gemacht, und schon vor dem Judenstern war alles Erdenkliche für Juden geschlossen, verboten, nicht zugänglich. Juden und Hunde waren allerorten unerwünscht, und wenn man doch einen Laib Brot kaufen
5 mußte, dann betrat man den Laden an dem Schild vorbei, auf dem zu lesen war: „Trittst als Deutscher du hier ein, / Soll dein Gruß heil Hitler sein." Kleinlautes „Grüß Gott" meinerseits, die Bäckerin grußlos, nur ein grobes „Was willst du?" Ich war immer erleichtert, wenn die beiden schlichten Grußworte auf ein Echo stießen und meinte, wohl mit Recht, es läge auf arischer
10 Seite ein leiser, aber deutlicher Protest darin, etwa: „In Gottes Hand begeb ich mich, nicht in Hitlers".
Was alle älteren Kinder in der Verwandtschaft und Bekanntschaft gelernt und getan hatten, als sie in meinem Alter waren, konnte ich nicht lernen und tun, so im Dianabad schwimmen, mit Freundinnen ins Urania-Kino gehen
15 oder Schlittschuh laufen. Schwimmen hab ich nach dem Krieg in der Donau gelernt, bevor sie verseucht war; aber nicht bei Wien, auch Fahrrad fahren anderswo, und Schlittschuhlaufen nie. Letzteres hat mir besonders leid getan, denn ich hatte es gerade ein paarmal wackelnd ausprobiert, da war es aus damit. Sprechen und lesen kann ich von Wien her, sonst wenig. An juden-
20 feindlichen Schildern hab ich die ersten Lesekenntnisse und die ersten Überlegenheitsgefühle geübt. Jüngere als mich gab es zufällig nicht in diesem Kreis, ich war die Jüngste und daher die einzige, die nicht in ein sich erweiterndes Leben hineinwachsen konnte, die einzige, die nicht im Dianabad schwimmen lernte, und die einzige, die die österreichische Landschaft nur den Na-
25 men nach kannte: Semmering, Vorarlberg, Wolfgangsee. Namen, die vom Nichtkennen her noch idyllischer wurden. Wie eine volle Generation lag es zwischen mir und den Cousins und Cousinen und noch heute zwischen mir und den Exulanten aus Wien, die sich dort einmal frei bewegt haben. Alle, die nur ein paar Jahre älter waren, haben ein anderes Wien erlebt als ich, die
30 schon mit sieben auf keiner Parkbank sitzen und sich dafür zum auserwählten Volke zählen durfte. Wien ist die Stadt, aus der mir die Flucht nicht gelang.
Dieses Wien, aus dem mir die Flucht nicht geglückt ist, war ein Gefängnis, mein erstes, in dem ewig von Flucht, das heißt vom Auswandern, die Rede
35 war. Ich sah uns sozusagen immer auf dem Sprung und im Begriff abzureisen, mit gepackten Koffern eher als für die nächsten Jahre gemütlich eingerichtet. Ich konnte mir daher auch keine Gewohnheiten leisten, und wenn ich mich langfristig auf etwas freuen wollte, wie zum Beispiel auf das kontinuierliche Lesen der Kinderzeitschriften „Der Schmetterling" und „Der Pa-
40 pagei", so korrigierte ich diese Vorfreude gleich mit der Hoffnung, noch vor der übernächsten Nummer in einem anderen Land zu sein.
Ich war im September 1937 eingeschult worden, kurz vor meinem sechsten Geburtstag, ein halbes Jahr vor Hitlers Einmarsch. Vorher war wenig, außerhalb der Familie. Einmal sind wir im Auto nach Italien gefahren, auf Som-
45 merfrische, und als wir über der Grenze waren, mußten wir auf der anderen Straßenseite weiter, wie komisch, denn in Österreich fuhr man bis Hitler auf der linken Seite. Damals gab es noch keinen Stau auf den Landstraßen, und als weiter südlich auf einer einsamen, staubigen Straße ein Auto mit dem Kennzeichen Österreichs an uns vorbeifuhr, haben wir alle wie die Irren ge-
50 winkt. Und die haben ebenso zurückgewinkt. Aber die kennen wir nicht. Zu

Haus hätten wir denen nicht gewinkt. Ich war entzückt von der Entdeckung, daß Fremde in der Fremde sich begrüßen, weil sie anderswo zur selben Gemeinschaft gehören. Ich bin aus Österreich (wo man auf der richtigen Straßenseite fährt und deutsch spricht). Das stimmt, das gilt, das ist, wie mir hier
55 in Italien aufgeht, ein Satz, der mich beschreibt. Ich sollte bald eines Besseren belehrt werden, aber nicht sogleich.
Als ich nach dem ersten Schultag aus dem Schultor kam, wo alle Eltern zu ihren Kindern drängten, sah ich meinen Vater zunächst gar nicht. Er stand ganz hinten, angelehnt an ein Gitter, noch keine vierzig war er damals. Mein
60 Gott, ich bin so viel älter geworden als er je war. Als ich ihn vorwurfsvoll fragte, warum so weit vom Eingang, denn mir waren ja schon die Tränen gekommen, weil niemand mich abholte, erwiderte er: „Warum sich drängen? Wir hab'n ja nix zu versäumen." Da schien er mir der Vornehmste von allen, und die anderen Eltern mit ihren Ellbogen waren ordinär. Ich nahm ihm
65 versöhnt das Stanitzel, österreichisch für Tüte, mit den Bonbons ab, legte meine Hand in seine und ging sehr zufrieden mit ihm nach Hause.
Ungefähr ein Jahr später gingen wir wieder Hand in Hand durch die Straßen. Wir wohnten im 7. Bezirk, Neubau. Es war im November '38. Auf der Mariahilferstraße hat er mir die zerbrochenen Fenster der Geschäfte gezeigt, fast
70 schweigend, nur immer mit kurzen Hinweisen: „Da kann man jetzt nicht mehr einkaufen. Das ist geschlossen, du siehst ja. Warum? Die Leut, denen das gehört, sind Juden wie wir. Darum." Ich, voller Schreck und Neugier, hätte gern weitere Fragen gestellt, und gleichzeitig spürte ich, daß er vielleicht selbst nicht weiter wußte, und prägte mir das Gesagte ein. (Siehst du,
75 ich weiß es noch.) [...]

Ich erzähle ungern, was ich nur vom Hörensagen weiß. Mein Vater wurde verhaftet, die Beschuldigung Abtreibung. Meine Mutter: „Sie war arm und jung, und er hat Rachmones [Mitleid] mit ihr gehabt. Sie hat ihn angefleht. Dann hat ihn jemand angezeigt." Er hat damals mehreren Frauen die Schwan-
80 gerschaft unterbrochen. Wer wollte schon Kinder zu solcher Zeit? Auch meiner Mutter, also sein eigenes Kind. Das wäre ein Bub geworden, „und er war tagelang traurig", sagt sie. Die SS hat ihn verhaftet, sagt sie, nicht die Polizei, und er war in keinem Lager, sondern im Gefängnis. Meine Mutter wurde aktiv. Sie fand einen Anwalt, „der äußerlich ein Nazi war, aber innerlich nicht.
85 Geld hat er auch genommen." Ein Parteimitglied aus Opportunismus.
Sie hatte sich verpflichtet dazubleiben, bis sie die Reichsfluchtsteuer gezahlt hatte. Das Reich wollte Entschädigung, wenn die Staatsbürger, die es hinauswarf, auch wirklich gingen. Dazu fällt mir das DDR-Wort „Republikflucht" ein: Der Mensch ist dem Staat leibeigen. Das Gegenteil heißt, staatenlos sein.
90 Das heißt, obwohl du geboren bist, darfst du eigentlich nirgendwo leben. Das sind geläufige Alternativen meiner Generation. Mein Vater mußte innerhalb einer Woche das Land verlassen und fuhr ins benachbarte Italien. Meine Mutter hatte ihm mit ihrem Versprechen die Ausreise ermöglicht. Aber sie konnte das Geld nicht auftreiben, denn der Grundbesitz war beschlag-
95 nahmt worden und die Bankkonten gesperrt. So blieben wir stecken, und er konnte fliehen. Und doch haben wir es überlebt und er nicht. Diese Geschichte dreht sich im Kreis, und je länger man sie erzählt, desto sinnloser wird sie.
Mein Vater kam also zunächst aus der Gefangenschaft wieder nach Hause.
100 Wir hatten inzwischen umziehen müssen, wohnten im 13. Bezirk, Hietzing, in dem Haus, das meinen verstorbenen Großeltern gehört hatte, und teilten die Wohnung mit Tante und Onkel meiner Mutter. Es war 1940, wir waren schon im Krieg. Ich erinnere mich übrigens nicht an den Kriegsausbruch. An den Tag der Invasion der Tschechoslowakei, fast genau ein Jahr nach dem
105 Anschluß, erinnere ich mich dagegen genau: ein Cousin kam damit auf mei-

ne Mutter zugestürzt, mit der freudigen Erregung von Kindern, die schlechte Nachrichten, für die sie aber nichts können, überbringen dürfen. Die Erwachsenen sprachen davon, daß ein Krieg bevorstehe, und als ich einmal sagte, „Wenn der Krieg kommt", belehrte man mich, daß wir den Krieg schon

110 hätten, und ich schämte mich, so ein Dummerl gewesen zu sein. Das erste Ereignis überschattet wohl das zweite, weil ich mir unter Krieg noch nichts Richtiges vorstellen konnte, außer Kämpfen, und in meinem Wien wurde ja nicht gekämpft. Indessen konnte ich mir sehr wohl vorstellen, daß die Deutschen nun auch beim Schorschi waren. Mir hatten die Erwachsenen erzählt,

115 der Papa sei verreist, aber es war nicht glaubwürdig, ich hatte ja Ohren, so daß ich daran herumrätselte, beunruhigt. Man konnte ihnen nicht trauen. Sie bestanden darauf, daß man ihnen die Wahrheit, auch über Kleinigkeiten, sagte, und sie selbst logen unbekümmert drauflos, sogar in drastischen Fällen wie diesem. Die offizielle Lüge machte es mir unmöglich, mich durch Fragen

120 zu informieren, bis sie mit der Rückkehr meines Vaters ohne Entschuldigung aufgehoben wurde. [...]
Mein Vater hat seine Abreise noch mehrere Tage hinausgezögert. Dann stand er an meinem Bett vor dem Einschlafen und verabschiedete sich. Ich war noch ganz unter dem Eindruck des vorhergegangenen Strafgerichts. Ich konnte

125 mir nicht vorstellen, daß er mich wirklich ungern verließ, und ich hatte Angst vor ihm. Das ist das zweite Photo, das ich von ihm habe. Da sieht er so aus wie an dem letzten Abend, ernst, die Haare schon ein bißchen dünn, an den Schläfen Andeutungen einer Glatze, die er nicht mehr bekommen sollte. Ich hab ihn nicht wiedergesehen. [...]

130 Darum habe ich auch jahrelang, nein jahrzehntelang nicht glauben wollen und können, daß er wirklich vergast worden ist. Er ist zunächst von Österreich nach Italien gefahren. Und dort hat er den Fehler begangen, aus einem faschistischen Land in ein demokratisches zu flüchten, nämlich nach Frankreich. Da haben ihn die Franzosen den Deutschen ausgeliefert. Von dem

135 Sammellager Drancy ist er 1944 nach Auschwitz abtransportiert und wohl sofort nach der Ankunft ins Gas geschickt worden. Mir aber gelang es, diesem Gedanken hartnäckig auszuweichen, indem ich mir einredete, er hätte noch auf dem Transport Selbstmord machen können und es daher auch getan, denn er war doch Arzt und hat sicher Tabletten bei sich gehabt. Ein

140 halbes Leben hab ich gebraucht, bis mir klar wurde, daß diese Fabel nur auf dem Mist meiner Wunschvorstellungen gewachsen war. Ich schrieb ihm Gedichte, deutsche und englische, eine Art Exorzismus, oder vielmehr, ich schrieb sie nicht nur, ich verfaßte sie im Kopf, gedächtnisfreundliche Verse, mit denen ich wie mit leichtem Gepäck herumlaufen konnte, die einzelnen Stro-

145 phen sozusagen auf der Zunge zergehen ließ und immer wieder ein Wort daran verbesserte. Ich zündete Jahrzeitlichter, wie sie auf Jiddisch heißen, für ihn an, Wachs im Wasserglas, die man in Amerika für diesen Zweck, mit papierenem Aufkleber und teils hebräischer Aufschrift, den Zweck verbürgend, im Supermarkt in jeder Gegend, wo es Juden gibt, kaufen kann. Sie

150 sollen 24 Stunden lang brennen und brennen meistens noch länger, ein preisgünstiges, wenn auch verlogenes Sonderangebot für eine, die nicht aus frommer Familie kommt. Alles, um wegzudenken, um abzulenken. Zum Beispiel, aus Kalifornien.

Die Erinnerung spült zurück. Die meisten von uns, die den Judenstern getra-
155 gen haben, meinen, sie hätten ihn schon viel früher tragen müssen. Auch ich irre mich da, muß nachschlagen. Das kommt daher, daß die Ausgrenzung von Juden eben schon vor September 1941 im vollen Gang war. Ich kann nicht sagen, daß ich ihn ungern getragen habe, den Judenstern. Unter den Umständen schien er angebracht. Wenn schon, denn schon.

160 Wir mußten die Dinger kaufen, und zwar bei der Jüdischen Kultusgemeinde, die das Geld natürlich nicht behalten durfte, sondern den Handel für das
Reich vermittelte. Die Nazis haben sich für alles bezahlen lassen, und dieser
kommerzielle Zynismus steht in enger Verbindung mit den Untugenden, die
sie den Juden nachsagten. Wo ein unsauberer Profit zu machen war, und sei
165 er auch noch so kleinlich, wie die 10 Pfennige pro Judenstern, haben die
Nazis einkassiert.
Meine Mutter schätzte, zehn Stück würden reichen, kam damit nach Hause
und hat sie vor meinen neugierigen Augen angenäht, an die Kleidungsstücke,
die man auf der Straße trägt, Mäntel, Jacken. Schnell hat sie die gelben Flek-
170 ken angeheftet, mit dem verächtlichen Gesichtsausdruck, den ich bewunder-
te und mir zu eigen machen wollte, wenn er gegen unsere Feinde gerichtet
war, und der mich zur Verzweiflung trieb, wenn er sich auf meine Freunde
oder die Dinge, die ich schön fand, wie den Schillerschen Blankvers, bezog.
Man war nicht sicher, wie die Bevölkerung auf die neue Verordnung reagie-
175 ren würde, und so verließen wir am ersten Tag zusammen das Haus. Überall
trafen wir Leute, die auch den Stern trugen. Ein neues Straßenbild. Eine
Jüdin sagte schnell im Vorbeigehen zu meiner Mutter: „Er paßt zu Ihrer Blu-
se." Ich fand das mutig und witzig, meine Mutter war weniger beeindruckt.
Einmal, als wir schon den Judenstern trugen, aber noch die öffentlichen Ver-
180 kehrsmittel, wenn auch nicht die Sitzplätze, benutzen durften, tappte jemand
in der Stadtbahn im Tunnel nach meiner Hand. Mein erster Gedanke war,
ein Mann, der mich belästigen will, mein zweiter, ein Taschendieb. Ich hielt
also meine Tasche fest. Aber nein, dieser Mann drückte mir etwas in die Hand,
ein Geschenk. Offensichtlich wollte er so sein Mitleid mit mir bekunden,
185 dem Kind mit dem Judenstern. Ich verstand das sofort. Juden zu beschenken
war aber verboten, darum hatte er's im Tunnel getan. […]

Meine Mutter hatte am Ende nur noch mich und begann, mich mit eingebil-
deten sowie mit beglaubigten Unheimlichkeiten zu quälen. Da gab es geheimnisvolle Anspielungen auf Frauen, die Selbstmordversuche gemacht hat-
190 ten, und da war die Rede von tödlichen Krankheiten oder von dem
mutmaßlichen Bestimmungsort der Deportierten. Das Todesgeheimnis der
großen Judenverfolgung, die im Anschwellen war, wurde dadurch nicht faß-
barer.
Ich war wie ein junger Hund ohne Auslauf, und sie versuchte mich abzuhal-
195 ten von den wenigen Spielen, die mir noch möglich waren. Die jüdische
Kultusgemeinde stellte uns, den letzten jüdischen Kindern in Wien, Lese-
und Freizeiträume zur Verfügung, und der jüdische Friedhof war unser Park
und Spielplatz. Wenn ich mich, was immer seltener geschah, mit anderen
jüdischen Kindern draußen herumgebalgt hatte und glücklich und ermüdet
200 nach Hause kam, stellte sie mir eine lebensgefährliche Lungenentzündung in
Aussicht. Sie redete mir ein, ich hätte Plattfüße und massierte mir die Sohlen,
um künftigen Gehbehinderungen vorzubeugen.
Und irgendwann wurde es aussichtslos. Sie hielt sich dann, solange sie konnte, in Wien. Sie bekam eine Stelle im jüdischen Krankenhaus als Hilfsschwester
205 und Krankengymnastin. Sie ging früh morgens fort, ich schlief mich aus, las
im Bett, ging dann zum Spital hinüber, wo ich zu essen bekam und wo es
eine schöne warme Dusche gab, und verbrachte den Rest des Tages lesend
und einsam im Spitalgarten. Wir sind aus Wien so ziemlich mit den letzten
Juden verschickt worden, mit dem „Spitaltransport", im September 1942.

M 1

Friedhelm Kemp: **Die Dichterin Gertrud Kolmar**

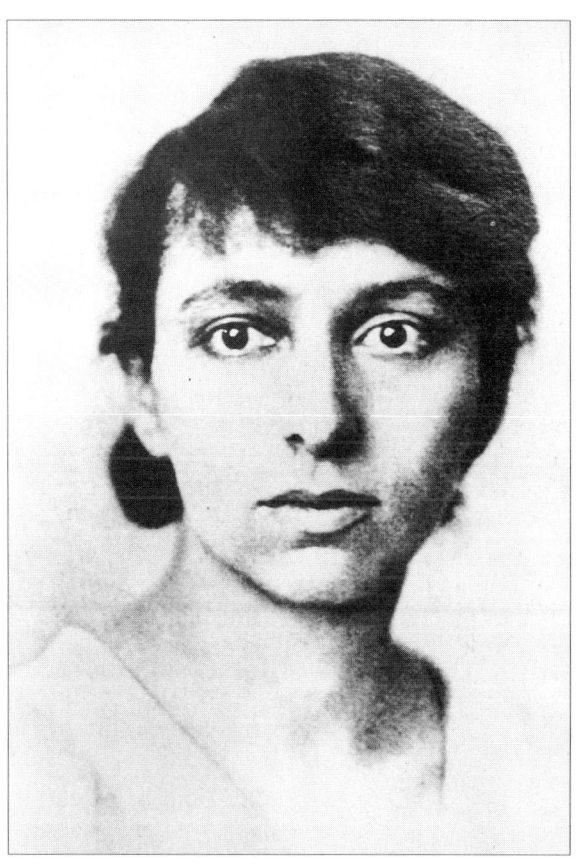

Gertrud Kolmar

Die Dichterin Gertrud Chodziesner wurde am 10. Dezember 1894 in Berlin geboren. Als literarisches Pseudonym wählte sie später den Namen Gertrud Kolmar, nach dem deutschen Namen der ehemals polnischen Grenzstadt, aus der die jüdischen Vorfahren ihres Vaters stammten, während die Familie der Mutter seit Jahrhunderten in der Mark ansässig war. Der Vater wirkte als ein angesehener Rechtsanwalt und gehörte dem wohlhabenden Großbürgertum an. Gertrud Kolmars Leben verlief ohne äußerlich bemerkenswerte Ereignisse meist im Kreise der Angehörigen; nähere Verbindungen zu zeitgenössischen literarischen Kreisen scheinen nicht bestanden zu haben. Sie absolvierte ein Sprachlehrerinnenexamen und übernahm während des Ersten Weltkriegs einen Posten als Dolmetscherin in einem Gefangenenlager; sie machte verschiedene Reisen ins Ausland, war in der Taubstummen-Fürsorge tätig, stand dem elterlichen Haushalt vor, pflegte die Mutter bis zu deren Tode im Jahre 1930 und blieb dann bei dem alternden Vater; blieb bei ihm, auch als der Nationalsozialismus und sein mörderischer Antisemitismus hochkamen, ging mit diesem Vater, ohne ihn doch retten zu können, den schweren Weg in die Beraubung, Entbehrung und öffentliche Ächtung. Dann wird der über Achtzigjährige nach Theresienstadt verschleppt; sie selber arbeitet noch als Zwangsarbeiterin in einer Munitionsfabrik, bis sie im Frühjahr 1943 ebenfalls deportiert wird. Seitdem ist sie verschollen. Ort und Datum ihres Todes sind unbekannt.

Ihre Gedichte, zum größten Teil unveröffentlicht, wie auch ein Roman mit dem Titel „Eine Mutter", wurden gerettet und nach dem Zweiten Weltkrieg vollständig gedruckt. Zwischen 1937 und 1940 entstand das Gedicht „Nachruf":

Ich werde sterben, wie die Vielen sterben;
Durch dieses Leben wird die Harke gehn
Und meinen Namen in die Scholle kerben.
Ich werde leicht und still und ohne Erben
5 Mit müden Augen kahle Wolken sehn,

Den Kopf so neigen, so die Arme strecken
Und tot sein, ganz vergangen sein, ein Nichts,
Und Bettler klammern noch die Wanderstecken
Wie Zauberruten, stehn an Straßenecken
10 In leeren Hut das Gold des Abendlichts,

Das ihre magren Finger doch nicht halten,
Dafür der Händler nie Kartoffeln tauscht.
Ich aber liege satt und warm im Kalten,
Und Zorn und Gram und Lust und Händefalten
15 Sind Meer, davon die große Muschel rauscht ...

M 1

Hilde Domin in einem Interview auf die Frage:
Empfinden und schreiben Sie aus der jüdischen Tradition?

„Ich kann mich kaum als „richtiger" Jude bezeichnen. Im Gegensatz etwa zu Nelly Sachs, Paul Celan oder Rose Ausländer, die stark vom Judentum geprägt sind und auch aus jüdischen Häusern stammen. Ich bin aufgewachsen mit Weihnachten, Nikolaus, Ostern. Vielleicht zweimal in meinem Leben wurde ich in eine Synagoge eingeladen. Mein Vater fühlte sich ganz als Deutscher. Als ich ihn als Kind einmal fragte, worin denn sein Judentum bestehe, vermochte er es mir nicht zu erklären. Er wollte auch nicht, daß ich Hebräisch lernte, obwohl ich sehr sprachbegabt war und es mir leichtgefallen wäre. Doch er fand, Latein, Griechisch, Englisch und Französisch, das sei genug. Soweit er sich mit einem Juden identifizierte, dann mit Heinrich Heine, der auch Düsseldorfer war wie er. Ich bin mit Goethe aufgewachsen."

M 2

Rose Ausländer über die Veränderung ihrer Lyrik

„Was später über uns hereinbrach, war ungereimt, so alpdruckhaft beklemmend, daß – erst in der Nachwirkung, im nachträglich voll erlittenen Schock – der Reim in die Brüche ging. Blumenworte welkten. Auch viele Eigenschaftswörter waren fragwürdig geworden in einer mechanisierten Welt, die dem „Mann ohne Eigenschaften", dem entpersönlichten Menschen gehörte. Das alte Vokabular mußte ausgewechselt werden. Die Sterne – ich konnte sie auch aus meiner Nachkriegslyrik nicht entfernen – erschienen in anderer Konstellation."

M 1

Hilde Domin

Aktuelles

Und immer der Garten

unter blühenden Bäumen
immer
das Frühstück

5   unter der Erde
Traumvolk
die Gehenkten

unsere Kinder.

M 2

Hilde Domin

Behütet

Ich schlafe im Schutz
meiner _____.
Das Leid wie das _____
baut Mauern.

Ich, ohne _____
immer im Schutz dieser Mauer,
wo der _____
stillsteht.

Wo ich an der _____
von einer _____

_____

sterbe.

Arbeitsanweisung:

Füllen Sie die Lücken im Gedicht M 2 auf. Berücksichtigen Sie dabei das Thema Verfolgung und Exil.

M 3

Hilde Domin

Fremder

1.

Ich falle durch jedes Netz,
wie ein Toter

falle ich durch die Netze hindurch.
Samenkorn ohne Erde
5   schwerelos
treibt mich der Wind
aus allen Netzen empor.

Wohin ich komme, Gespinst von Wegen,
eng geknüpft.

10 In jeder Stadt liegt bereit
was sie brauchen.
Spielzeug und Hochzeitslaken
und der Platz
bei dem Sarg der Mutter.

15 Ich brauche nichts, ich komme und gehe
mit offenen Händen.

„Unsere Sprache sprichst du",
sagen sie überall
mit Verwundern.
20 Ich bin der Fremde,
der ihre Sprache spricht.

2.

Vor mir wird aufgebaut,
hinter mir abgeräumt,
die Bühne aus sehr dauerhaften
25 Häusern, Straßen, Bäumen.
Minuten ehe ich komme,
ein Platz, Stühle, ein Tisch.
Man bringt mir Kaffee,
ich spreche die Sprache des Kellners
30 Stunden entfernt
baut man ein Schlafzimmer auf
in einem lauten Hotel.
Niemand wartet am Zug.

Ich ziehe um mich
35 das kleine schon dünne Tuch
deiner Liebe,
mein einziges Kleid.
Ich gehe im Licht
eines fernen
40 längst erloschenen
Lächelns.

M 4

Bilder/Motive	Nomen	Verben
Fremder	Samenkorn	fallen (zweimal)
Netz (viermal)	Häuser	(der Wind) treibt
Toter	Straße	…
Gespinst (von Wegen)	…	
Sarg der Mutter		
…		

Arbeitsanweisung:

Vervollständigen Sie die Tabelle und benutzen Sie sie als Grundlage Ihrer Interpretation.

M 1

Rose Ausländer

Ein Tag im Exil

Ein Tag im Exil
Haus ohne Türen und Fenster

Auf weißer Tafel
mit Kohle verzeichnet
5 die Zeit

Im Kasten
die sterblichen Masken
Adam
Abraham
10 Ahasver
Wer kennt alle Namen

Ein Tag im Exil
wo die Stunden sich bücken
um aus dem Keller
15 ins Zimmer zu kommen

Schatten versammelt
um's Öllicht im ewigen Lämpchen
erzählen ihre Geschichten
mit zehn finstern Fingern
20 die Wände entlang

M 2

Rose Ausländer

Mein Schlüssel

Mein Schlüssel
hat das Haus verloren

Ich gehe von Haus zu Haus
keines paßt

5 Den Schlosser
habe ich gefunden
mein Schlüssel paßt
zu seinem Grab

M 1

Hermann Kesten

Ich weiß nicht, wie weit Menschen, die nie ihr Land
zu verlassen gezwungen waren, sich das Leben im
Exil vorstellen können, das Leben ohne Geld, ohne
Familie, ohne Freunde und Nachbarn, ohne die
5 vertraute Sprache, ohne einen gültigen Paß, ohne
einen Ausweis oft, ohne Arbeitserlaubnis, ohne
Aufenthaltserlaubnis häufig, ohne ein Land, das
bereit wäre, den Exilierten aufzunehmen. Wer be-
greift diesen rechtlosen Zustand von Individuen,
10 die ihr eigener Staat ächtet, verfolgt, verleumdet,
gegen die er zuweilen Mörder über die Grenzen
hinausschickt? Exilierte sind meist den untersten
Polizeimenschen hilflos ausgeliefert, Opfer der
Fremdenpolizei, die sie von einer Grenze zur an-
15 dern abschiebt …

M 2

Else Lasker-Schüler

Mein blaues Klavier

Ich habe zu Hause ein blaues Klavier
Und kenne doch keine Note.

Es steht im Dunkel der Kellertür,
Seitdem die Welt verrohte.

5 Es spielen Sternenhände vier
– Die Mondfrau sang im Boote –
Nun tanzen die Ratten im Geklirr.

Zerbrochen ist die Klaviatür …
Ich beweine die blaue Tote.

10 Ach liebe Engel öffnet mir
– Ich aß vom bitteren Brote –
Mir lebend schon die Himmelstür –
Auch wider dem Verbote.

M 3

Bertolt Brecht

Über die Bezeichnung Emigranten

Immer fand ich den Namen falsch, den man uns gab: Emigranten.
Das heißt doch Auswanderer. Aber wir
Wanderten doch nicht aus, nach freiem Entschluß
Wählend ein anderes Land. Wanderten wir doch auch nicht
5 Ein in ein Land, dort zu bleiben, womöglich für immer.
Sondern wir flohen, Vertriebene sind wir, Verbannte.
Und kein Heim, ein Exil soll das Land sein, das uns da aufnahm.
Unruhig sitzen wir so, möglichst nahe den Grenzen
Wartend des Tags der Rückkehr, jede kleinste Veränderung
10 Jenseits der Grenze beobachtend, jeden Ankömmling
Eifrig befragend, nichts vergessend und nichts aufgebend
Und auch verzeihend nichts, was geschah, nichts verzeihend.
Ach, die Stille der Stunde täuscht uns nicht! Wir hören die Schreie
Aus ihren Lagern bis hierher. Sind wir doch selber
15 Fast wie Gerüchte von Untaten, die da entkamen
Über die Grenzen. Jeder von uns
Der mit zerrissenen Schuhn durch die Menge geht
Zeugt von der Schande, die jetzt unser Land befleckt.
Aber keiner von uns
20 Wird hier bleiben. Das letzte Wort
Ist noch nicht gesprochen.

M 1

Anna Seghers

Transit

Sie kennen ja selbst das unbesetzte Frankreich aus dem Herbst 1940. Die Bahnhö-
fe und die Asyle und selbst die Plätze und Kirchen der Städte voll von Flüchtlingen aus dem Norden, aus dem besetzten Gebiet und der „verbotenen Zone" und
den elsässischen und lothringischen und den Moseldepartements. Überreste von
5 jenen erbärmlichen Menschenhaufen, die ich schon auf der Flucht nach Paris für
nichts andres als Überreste gehalten hatte. Viele waren inzwischen auf der Land-
straße gestorben oder in einem Waggon, aber ich hatte nicht damit gerechnet, daß
inzwischen auch viele geboren würden. Als ich mir einen Schlafplatz suchte im
Bahnhof von Toulouse, kletterte ich über eine liegende Frau, die zwischen Kof-
10 fern, Bündeln und zusammengelegten Gewehren einem verschrumpften Kind die
Brust gab. Wie war die Welt in diesem Jahr gealtert. Alt sah der Säugling aus, grau
war das Haar der stillenden Mutter, und die Gesichter der beiden kleinen Brüder,
die über die Schulter der Frau sahen, waren frech, alt und traurig. Alt war der
Blick dieser Knaben, denen nichts verborgen geblieben war, das Geheimnis des
15 Todes ebensowenig wie das Geheimnis der Herkunft. Alle Züge waren noch voll-
gepfropft mit Soldaten in verkommenen Uniformen, offen ihre Vorgesetzten be-
schimpfend, fluchend ihrer Marschorder folgend, aber doch folgend, weiß der
Teufel wohin, um in irgendeinem übriggebliebenen Teil des Landes ein Konzentrationslager zu bewachen oder einen Grenzübergang, der bestimmt morgen ver-
20 schoben sein würde, oder sogar, um nach Afrika eingeschifft zu werden, weil ein
Kommandant in einer kleinen Bucht beschlossen hatte, den Deutschen die kalte
Schulter zu zeigen, aber wahrscheinlich längst abgesetzt worden war, eh die Soldaten ankamen. Aber einstweilen fuhren sie los, vielleicht, weil diese unsinnige
Marschorder wenigstens etwas war, woran man sich hielt, ein Ersatz für einen
25 erhabenen Befehl oder eine große Parole oder für die verlorengegangene Marseil-
laise. Einmal reichten sie uns den Rest eines Mannes herauf, Rumpf und Kopf,
leere Uniformstücke hingen an ihm herunter statt Arme und Beine. Wir klemm-
ten ihn zwischen uns, steckten ihm eine Zigarette zwischen die Lippen, da er
keine Hände mehr hatte, er versengte sich seine Lippen, knurrte und fing plötz-
30 lich zu heulen an: „Wenn ich bloß wüßte wozu?" Uns war es allen auch zum
Heulen. – Wir fuhren in einem großen sinnlosen Bogen, bald in Asylen übernach-
tend, bald auf dem Felde, bald auf Camions aufspringend, bald auf Waggons,
nirgends auf eine Bleibe stoßend, geschweige denn auf ein Arbeitsangebot, in einem großen Bogen immer tiefer dem Süden zu, über die Loire, über die Garonne,
35 bis zur Rhone. All diese alten, schönen Städte wimmelten von verwilderten Menschen. Doch es war eine andere Art von Verwilderung als ich geträumt hatte. Eine
Art Stadtbann beherrschte diese Städte, eine Art mittelalterliches Stadtrecht, jede
ein anderes. Eine unermüdliche Schar von Beamten war Tag und Nacht unterwegs wie Hundefänger, um verdächtige Menschen aus den durchziehenden Hau-
40 fen herauszufangen, sie in Stadtgefängnisse einzusperren, woraus sie dann in ein
Lager verschleppt wurden, sofern das Lösegeld nicht zur Stelle war oder ein fuchs-
schlauer Rechtsgelehrter, der bisweilen seinen unmäßigen Lohn für die Befreiung
mit dem Hundefänger selbst teilte. Daher gebärdeten sich die Menschen, zumal
die ausländischen, um ihre Pässe und ihre Papiere wie um ihr Seelenheil. Ich be-
45 gann sehr zu staunen, wie diese Obrigkeiten, inmitten des vollkommenen Zusam-
menbruchs, immer langwierigere Prozeduren erfanden, um die Menschen, über
deren Gefühle sie schlechterdings jede Macht verloren hatten, einzuordnen, zu
registrieren, zu stempeln. Man hätte ebenso bei der großen Völkerwanderung jeden Vandalen, jeden Goten, jeden Hunnen, jeden Langobarden einregistrieren
50 können. Durch die Schlauheit meiner Kumpane entrann ich oftmals den Hunde-
fängern. Denn ich hatte gar keine Papiere, ich war ja geflohen, meine Papiere
waren im Lager zurückgeblieben, in der Kommandantenbaracke. Ich hätte angenommen, daß sie inzwischen verbrannt seien, wenn mich nicht die Erfahrung
belehrt hätte, daß Papier viel schwerer verbrennt als Metall und Stein. Einmal

Deutsche Soldaten im Juni 1940 in einer Pariser Straße nach der Einnahme
der Stadt

55 forderte man an einem Wirtshaustisch unsere Papiere. Meine vier Freunde hatten
französische, ziemlich solide – allerdings war auch der ältere Binnet keineswegs
ordentlich demobilisiert. Weil unser Hundefänger betrunken war, merkte er nicht,
daß mir Marcel seine bereits kontrollierten Papiere unter dem Tisch durchreichte.
Gleich darauf führte derselbe Beamte aus derselben Wirtsstube ein sehr schönes
60 Mädchen ab, unter den Flüchen und dem Gejammer seiner Tanten und Oheime,
aus Belgien geflüchteter Juden, die sie an Kindes Statt mitgenommen hatten mit
viel Treue und ungenügenden Ausweisen. Wahrscheinlich sollte sie jetzt in ein
Frauenlager verschleppt werden, in einen Winkel der Pyrenäen. Sie ist mir im
Gedächtnis geblieben durch ihre Schönheit und durch den Ausdruck ihres Ge-
65 sichtes, als sie sich von den Ihren trennte und abgeführt wurde. Ich frage meine
Freunde, was wohl geschehen wäre, wenn sich einer von ihnen bereit erklärt hätte,
das Mädchen auf der Stelle zu heiraten. Alle waren sie minderjährig, aber sie fin-
gen gleich furchtbar zu streiten an um das Mädchen, so daß es fast zum Prügeln
kam. Wir waren damals schon alle erschöpft. Meine Freunde schämten sich auch
70 für ihr Land. Von einer Niederlage steht man, wenn man gesund und jung ist,
rasch wieder auf. Aber Verrat, das lähmt. Wir gestanden uns in der folgenden
Nacht, daß wir Heimweh nach Paris hatten. Da war ein harter furchtbarer Feind
vor unseren Augen gewesen, kaum zu ertragen, wie wir damals geglaubt hatten:
jetzt aber glaubten wir, daß dieser sichtbare Feind besser gewesen war als das un-
75 sichtbare, fast geheimnisvolle Übel, diese Gerüchte, diese Bestechungen, dieser
Schwindel.
Alles war auf der Flucht, alles war nur vorübergehend, aber wir wußten noch
nicht, ob dieser Zustand bis morgen dauern würde oder noch ein paar Wochen
oder Jahre oder gar unser ganzes Leben.
80 Wir faßten einen Entschluß, der uns sehr vernünftig vorkam: Wir stellten auf
einer Karte fest, wo wir eigentlich waren. Wir waren gar nicht weit weg von dem
Dorf, in dem Yvonne lebte, meine verflossene Freundin, die ihren Vetter geheira-
tet hatte. Wir machten uns also auf und kamen nach einer Woche an.

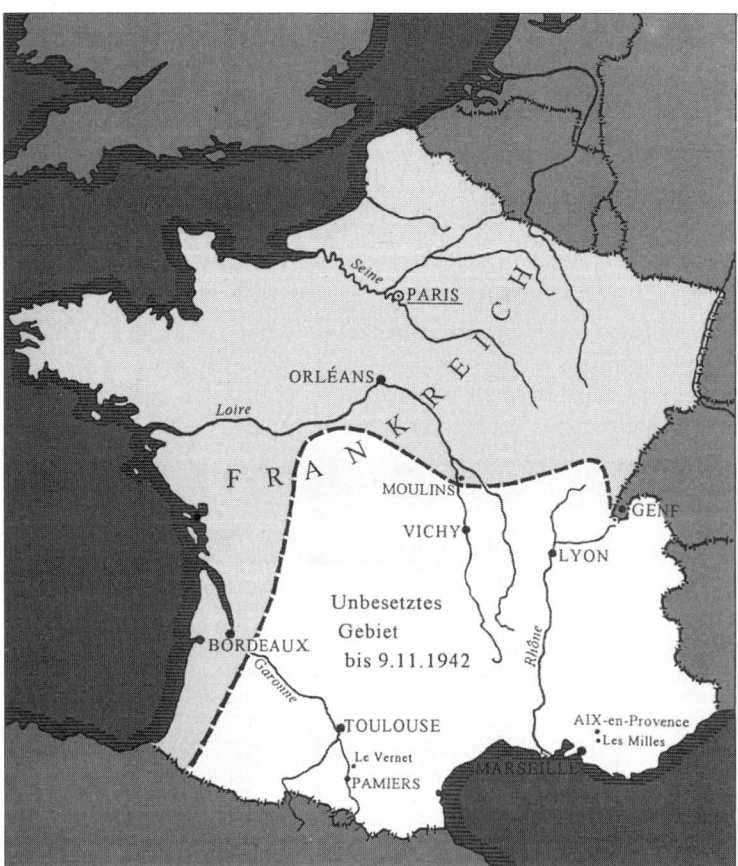

Frankreich nach der Okkupation durch das Deutsche Reich mit der De-
markationslinie zwischen der besetzten und der unbesetzten Zone

M 2

Anna Seghers

Transit

*Der Erzähler in Anna Seghers Roman ist mittlerweile auf seiner Flucht in
Marseille angekommen – die Durchgangsstation für alle, die vor Hitler nach
Nord- oder Südamerika flüchteten.*

[...]
Ich aber suchte mir wieder ein Nachtquartier. Das erste Dutzend Hotels war voll.
Ich wurde hundemüde. Ich setzte mich an den nächsten Tisch vor ein schäbiges
Café an einem kleinen stillen Platz. Die Stadt war aus Furcht vor Fliegern verdun-
5   kelt, doch gab es in vielen Fenstern schon schwache Lichter. Ich dachte, wie viele
tausend Menschen diese Stadt ihr eigen nannten und ruhig in ihr dahinlebten,
wie ich einstmals in der meinen. Ich sah zu den Sternen hinauf und dachte ein
wenig getröstet, ich weiß nicht warum, daß diese Sterne wohl mehr für mich da
seien und für meinesgleichen als für die, die jetzt eigene Lichter ansteckten.
10 Ich bestellte ein Bier. Ich wäre gerne allein geblieben. Ein kleiner alter Mann setzte
sich zu mir. Er trug einen Rock von der Sorte, die längst bei jedem anderen in
Fetzen gegangen wäre, hier aber zufällig an einen Besitzer geraten war, der ihn
durch Würde und Sorgfalt nicht untergehen ließ. Und wie der Rock, so der Mann.
Er hätte längst im Grab liegen dürfen, doch sein Gesicht war fest und ernst. Sein
15 Haarrest war gescheitelt, seine Nägel waren sorgfältig geschnitten. Er fragte mich
fast sofort mit einem Blick auf den Handkoffer, für welches Land ich ein Visum
hätte. Er fragte nicht etwa, wohin ich fahren wollte, sondern für welches Land ich
ein Visum hätte. Darauf erwiderte ich, ich hätte kein Visum und keine Absicht,
eines zu erwerben, ich wolle bleiben. Er rief: „Sie dürfen nie bleiben ohne Visum!"
20 Ich verstand seinen Ausruf nicht. Ich fragte aus Höflichkeit, was er selbst vorhabe.
Er sei Kapellmeister in Prag gewesen, jetzt habe man ihm eine Stelle verschafft bei
einer berühmten Kapelle in Carácas. Ich fragte ihn, wo das liege, er erwiderte
spöttisch, das sei die Hauptstadt von Venezuela. Ich fragte ihn, ob er Söhne habe;
er erwiderte, ja und nein, sein ältester Sohn sei in Polen verschollen, sein zweiter in
25 England, sein dritter in Prag. Er könne jetzt nicht mehr länger auf Lebenszeichen
von Söhnen warten, sonst sei es für ihn zu spät. Ich glaubte, er meine den Tod. Er
meinte aber die Kapellmeisterstelle, die mußte er vor dem neuen Jahr antreten. Er
hatte schon einmal einen Kontrakt besessen, auf den Kontrakt ein Visum, auf das
Visum das Transit. Die Gewährung des Visa de sortie habe aber so lange gedauert,
30 daß ihm inzwischen das Transit erloschen sei, darauf das Visum, darauf der Kontrakt. Letzte Woche habe man ihm das Visa de sortie gewährt, er warte jetzt Tag
und Nacht auf die Verlängerung des Kontraktes, die ja dann ihrerseits die Verlängerung seines Visums bedinge. Die aber sei die Vorbedingung für die Gewährung
des neuen Transits. Ich fragte verwirrt, was das bedeute: Visa de sortie? Er starrte
35 mich entzückt an. Ich war ein unwissender Neuankömmling. Ich nahm ihm viele
Minuten Einsamkeit ab durch die Möglichkeit einer langen Erklärung. Er sagte:
„Das ist die Erlaubnis, Frankreich zu verlassen. Hat Sie denn niemand unterrich-
tet, armer junger Mann?" – „Welchen Zweck soll das haben, Menschen zurückzu-
halten, die doch nichts sehnlicher wünschen, als ein Land zu verlassen, in dem
40 man sie einsperrt, wenn sie bleiben?"
Darauf lachte er, daß ihm die Kiefer knirschten. Mir kam es vor, sein ganzes Ge-
rippe knirschte. Er tickte mit einem Handknöchel auf den Tisch. Er war mir ziemlich zuwider. Ich hielt aber bei ihm aus. Es gibt im Leben der verlorensten Söhne
Augenblicke, wo sie auf die Seite der Väter übergehen, ich meine der Väter ande-
45 rer Söhne.
Er sagte: „Sie wissen doch wenigstens eins mein Sohn, daß jetzt die wirklichen
Herren die Deutschen sind. Und da Sie vermutlich selbst aus diesem Volke stammen, so wissen Sie auch, was die deutsche Ordnung bedeutet, die Naziordnung,
die sie jetzt alle hier rühmen. Sie hat nichts zu tun mit der Weltordnung, mit der
50 alten. Sie ist eine Art von Kontrolle. Die Deutschen lassen sich nicht die Gelegen-

heit nehmen, die Menschen durchzukontrollieren, die aus Europa abziehen. Sie finden vielleicht dabei irgendeinen jahrzehntelang gesuchten Störenfried."

„Gut. Gut. Wenn ihr aber nun kontrolliert seid, wenn ihr ein Visum habt, was hat das für eine Bedeutung mit dem Transit? Warum läuft es überhaupt ab? Was ist es
55 überhaupt? Warum läßt man die Leute nicht durchziehen nach ihren neuen Wohnstätten?" Er sagte: „Mein Sohn, weil sich alle Länder fürchten, daß wir statt durchzuziehen, bleiben wollen. Ein Transit – das ist die Erlaubnis, ein Land zu durchfahren, wenn es feststeht, daß man nicht bleiben will."

Er änderte plötzlich seine Haltung. In einem neuen höchst feierlichen Ton, den
60 Väter nur dann gebrauchen, wenn sie die Söhne endgültig ins Leben hinausschik-ken, sprach er mich folgendermaßen an: „Junger Mensch! Sie kommen hierher fast ohne Gepäck, allein, ohne Ziel. Sie haben noch nicht einmal ein Visum. Sie machen sich keine Gedanken, daß selbst der Präfekt Sie keineswegs wohnen läßt, wenn Sie nicht einmal ein Visum haben. Nun, nehmen wir an, durch irgendeinen
65 Glücksfall durch eigene Kraft was selten, aber immerhin vorkommt, vielleicht auch durch eine Freundeshand, die sich Ihnen aus dem Dunkel, will sagen, über den Ozean entgegenstreckt, wenn Sie sie am wenigsten erwarten, vielleicht durch die Vorsehung selbst, vielleicht durch ein Komitee, erhalten Sie ein Visum. Da sind Sie einen Augenblick glücklich. Doch sehr rasch merken Sie, daß damit gar
70 nichts getan ist. Sie haben ein Ziel – das ist wenig. Das hat jeder. Sie können nicht bloß durch den Willen, bloß durch die Stratosphäre in jenes Land kommen, Sie fahren durch Meere, durch Zwischenländer. Sie brauchen ein Transit. Das braucht Ihren Scharfsinn. Ihre Zeit. Sie ahnen noch nicht, wieviel Zeit! Bei mir, da eilt es. Doch wenn ich Sie ansehe, scheint es mir plötzlich, für Sie ist die Zeit noch kost-barer. Sie ist ja die Jugend selbst. Sie dürfen sich aber nicht zersplittern, Sie dürfen
75 nur an Ihr Transit denken. Sie müssen, wenn ich so sagen darf, Ihr Ziel eine Zeit-lang vergessen, jetzt gelten nur die Zwischenländer, sonst wird aus der Abfahrt nichts. Jetzt gilt es, den Konsuln klarzumachen, daß es Ihnen ernst ist, daß Sie keiner von jenen Burschen sind, die an den Orten festbleiben wollen, die nur zum Durchfahren da sind. Und dafür gibt es Beweise, jeder Konsul verlangt sie. Nun
80 nehmen wir einmal den Glücksfall an, der ein Wunder ist, wenn man bedenkt, wieviele abfahren wollen auf wie wenig Schiffen, Ihr Schiffsplatz als solcher, die Fahrt als solche sei gesichert. Wenn Sie Jude sind, aber Sie sind ja keiner, nun, durch die Juden, wenn Sie Arier sind, nun, durch christliche Hilfe, wenn Sie gar nichts sind, gottlos, rot, nun dann in Gottes Namen durch Ihre Partei, durch
85 Ihresgleichen. Sie könnten sich irgendwie einschiffen. Doch glauben Sie ja nicht, mein Sohn, daß damit Ihr Transit schon sicher ist, und selbst, wenn es sicher wäre! Inzwischen ist soviel Zeit vergangen, daß wieder das erste, das Hauptziel entschwun-den ist. Dein Visum ist abgelaufen, und wie auch das Transit notwendig war, es ist wieder gar nichts ohne das Visum, und so immer weiter, immer weiter, immer
90 weiter.

Nun stell dir vor, du hast es erreicht. Mein Sohn, gut, träumen wir jetzt gemein-sam, du hast es erreicht. Dein Visum, dein Transit, dein Visa de sortie. Du bist reisefertig. Du hast dich von deinen liebsten Menschen verabschiedet. Dein Le-ben hinter dich geworfen. Du denkst jetzt nur an das Ziel. Du willst endgültig an
95 Bord gehen –

Ich sprach gestern einen jungen Mann, so alt wie du. Der hatte alles. Doch als er an Bord gehen wollte, verweigerte ihm das Hafenamt den letzten Stempel."

„Warum?"

„Er war aus einem Lager geflohen, als die Deutschen kamen", sagte der alte Mann
100 in seinem früheren müden Ton; er war auch – nicht eigentlich zusammengesun-ken, dafür hielt er sich zu aufrecht, eher angeknickt. „Er hatte keinen Entlassungs-schein aus dem Lager – so war denn alles für ihn umsonst."

M 1

Alfred Polgar

Sein letzter Irrtum

Mr. Gladham Fröhlich, Redakteur in Diensten der populären Wochenschrift „Panorama", hielt ein Manuskript des ihm aus europäischen Tagen gut bekannten Mr. Bederich in der linken Hand. In der rechten hielt er einen Rotstift. Das Manuskript, mit Spuren bedeckt, die der Rotstift hinterlassen hatte, sah aus, als ob es Masern hätte.

5 „I'm sorry, aber Sie sind nichts für Amerika", sagte Gladham dem alten Kollegen aus Europa. „Das will ich Ihnen anhand der siebenundzwanzig Stories, über die Sie meine aufrichtige Ansicht erbeten haben, klarlegen. Nehmen wir etwa gleich die erste beste hier: „Sein letzter Irrtum."

10 „Es ist meine beste."

„Well! Das erspart uns Beschäftigung mit den übrigen sechsundzwanzig." Mr. Gladham lehnte sich in den Stuhl zurück, plazierte seine Plattfüße auf den Schreibtisch, schob den Hut auf die hinterste Rundung seines Schädels. Er war erst seit kurzem Bürger der Vereinigten Staaten und bestrebt,

15 die Neuheit seines Amerikanertums durch Intensität seines Amerikanertums wett zu machen.

„Ihre Geschichte", begann er seine Kritik an Bederichs Manuskript, „vermeidet grelle Farben, erspart dem Leser die Schilderung aufregender Vorgänge und wirkt überhaupt beruhigend auf das Nervensystem."

20 Der Autor murmelte ein kleinlautes „Nun also".

„Nun also", fuhr Mr. Gladham fort, „derlei Geschichten werden in Amerika von wenigen Leuten geschrieben und von noch viel weniger Leuten gelesen, schon deshalb, weil sie, wie z.B. die Ihrige da, bestimmt niemals gedruckt werden."

25 „Vielleicht könnte ich ... ändern", warf Herr Bederich ein.

„Ändern?" Gladham lächelte. „O boy! Wenn Sie ändern wollten, was zu ändern ist, bliebe kaum mehr von Ihrer Arbeit übrig als der Titel. Sehen Sie z.B. gleich hier. Hier schreiben Sie: ,Er hieb ihm mit seinem Stock über den Schädel.' Ein guter Satz. Ein sehr guter Satz. Unanfechtbar. Aber

30 was war das für ein Stock?

Ein billiger oder ein teurer? Darüber verlieren Sie kein Wort, erzählen hingegen was der Mann mit dem Stock sich beim Hieb gedacht hat. Hier verlangt man von einer Story Tatsachen. Man verlangt, daß in ihr Faktum sich an Faktum reiht, wie Stein an Stein auf einer gut gepflasterten Straße.

35 Auf Ihrer Straße, lieber Freund, sind die Ritzen zwischen den Steinen breiter als diese, und viel überflüssiges Gras wächst aus ihnen."

„Und daheim haben sie mich Asphalt-Literat geschimpft!" dachte wehmütig Herr Bederich.

„Weiter. Ihr Held sitzt stundenlang in einem gemütlichen Kaffeehaus. In

40 Amerika gibt es kein Kaffeehaus, in dem man stundenlang sitzt, und wenn es eines gäbe, wäre es nicht gemütlich, und wenn es gemütlich wäre, wäre es längst pleite. Wenn in Ihrer Story zwei Leute einander begegnen, schütteln sie sich die Hand. Das tut man hierzulande nicht. Ihr Held empfängt von seinem Gegner eine Ohrfeige. In Amerika wird geboxt, nicht geohr-

45 feigt. Ihr Held stellt die Schuhe zum Putzen vor die Tür seines Hotelzimmers. In Amerika ist das nicht üblich. Ihre Heldin hat ein uneheliches Kind. In Amerika gibt es keine unehelichen Kinder, zumindest nicht in Magazine-Stories. Sie lassen in der Garderobe des Theaters ein großes Gedränge bei der Kleiderabgabe entstehen. In Amerika nimmt der Thea-

50 terbesucher seine Überkleider in den Zuschauerraum mit."

„Auch den nassen Regenschirm?"

„Auch den nassen Regenschirm. Sie lassen einen europäischen Schauspieler hier innerhalb eines Vierteljahres dreimal durchfallen. Das gibt es in Amerika nicht. In Amerika muß der durchgefallene europäische Schau-
55 spieler sechs Monate warten, bis er wieder durchfallen darf. Auch wird er nicht, wie das in Ihrer Story geschieht, ausgepfiffen, sondern ausgebooht. Und hier, was für ein Einfall!, hier lassen Sie einen alten, weisen Amerikaner sagen: ‚So etwas gibt es nicht in Amerika.' Aber kein alter, weiser Amerikaner würde so etwas sagen, denn es gibt nichts, was es in Amerika nicht
60 gibt."

Es war ein milder Herbst-Tag. Durch das Fenster der im 32. Stockwerk gelegenen Office des Mr. Gladham strömte ozeanisch kräftige Luft ein. Dennoch standen Schweißtropfen auf Bederichs Stirn.

Mr. Gladham fuhr fort in seiner Aufzählung der Story-Irrtümer, betreffen
65 Amerikas Bräuche. Anschauungen. Manieren, Geschmack, Methoden und Tabus. „Um es kurz zu fassen", resümierte er: „Was in Ihrer Geschichte getan wird, das tut man nicht in Amerika. Wie in ihr geliebt wird, so liebt man nicht in Amerika. Wie in ihr gelacht und geweint wird, so lacht, bzw. weint man nicht in Amerika. Wie in ihr gelebt und gestorben wird, so lebt
70 und stirbt man nicht in Amerika."

Bederich schnappte nach Luft. Um besser schnappen zu können, stand er auf und ging ans Fenster.

„Das Klügste wird wohl sein", sagte er mit unpassender Bitterkeit, „ich nehme meine Manuskripte und werfe sie ins Klosett."
75 „Hierzulande wirft man nichts in Klosett, Mr. Bederich."

„Es war nicht buchstäblich gemeint, Mr. Gladham."

„In Amerika drückt man sich exakt aus, Mr. Bederich."

Bederich stand beim Fenster, sah zu den Wolken hinauf. „Oh, du lieber Himmel!" wollte er rufen, zögerte aber und fragte vorsichtig erst: „Gibt es
80 einen lieben Himmel in Amerika?"

„Darüber kann ich Ihnen keine zuverlässige Auskunft geben", erwiderte, leicht pikiert, Mr. Gladham, „aber wenn es Sie interessiert, will ich bei unserem Research Department anfragen." Und er hob den Telephonhörer ab.

85 Mr. Bederich war zu nervös, um das Ergebnis der Anfrage abzuwarten. Ungeduldig, Gladham's Office zu verlassen, wählte er den zu diesem Zweck kürzesten Weg, den durch das Fenster.

„In Amerika springt man nicht aus dem Fenster!!" schrie, jetzt schon wirklich verärgert, Mr. Gladham ihm nach.
90 Aber Bederich, bereits beim siebenten Stockwerk unten angelangt, hörte das nicht mehr. Und so blieb ihm das peinliche Bewußtsein erspart, noch in seiner letzten amerikanischen Minute einen europäischen faux pas begangen zu haben.

M 1

Hilde Domin

Drei Arten, Gedichte aufzuschreiben

1

Ein trockenes Flußbett
ein weißes Band von Kieselsteinen
von weitem gesehen
hierauf wünsche ich zu schreiben
5 in klaren Lettern
oder eine Schutthalde
Geröll
gleitend unter meinen Zeilen
wegrutschend
10 damit das heikle Leben meiner Worte
im Dennoch
ein Dennoch jedes Buchstabens sei

M 2

Hilde Domin

Unaufhaltsam

Das eigene Wort,
wer holt es zurück,
das lebendige
eben noch ungesprochene
5 Wort?

Wo das Wort vorbeifliegt
verdorren die Gräser,
werden die Blätter gelb,
fällt Schnee.
10 Ein Vogel käme dir wieder.
Nicht dein Wort,
das eben noch ungesagte,
in deinen Mund.
Du schickst andere Worte
15 hinterdrein,
Worte mit bunten, weichen Federn.
Das Wort ist schneller,
das schwarze Wort.
Es kommt immer an,
20 es hört nicht auf, an-
zukommen.

Besser ein Messer als ein Wort.
Ein Messer kann stumpf sein.
Ein Messer trifft oft
25 am Herzen vorbei.
Nicht das Wort.
Am Ende ist das Wort,
immer,
am Ende
30 das Wort.

M 3

Hilde Domin

Lyrik

das Nichtwort

ausgespannt
zwischen

Wort und Wort.

M 4

Hilde Domin auf die Frage:
Beurteilen Sie sich als einen „engagierten Dichter"?

„Ich betrachte mich durchaus als engagierten Dichter. Ich rufe die Menschen auf, nicht mitzumachen, nicht opportunistisch und nicht gleichgül-
tig zu sein. Nicht die Täter haben Hitler-Deutschland möglich gemacht –
das sind ja immer nur wenige –, sondern die Gleichgültigen, die, die lieber
5 wegsahen als hinsahen: „Ich höre nicht, ich sehe nicht, ich spreche nicht."
Ohne die allgemeine Gleichgültigkeit wäre der Nazismus in dieser Form
nicht möglich gewesen. Nein, ich glaube nicht, daß ein Dichter die Welt
verändern kann. Er ändert einzelne. Damit sollte man schon zufrieden
sein. Diese vielen einzelnen verändern dann die Welt. Vielleicht. Irgend
10 etwas ändern sie sicher."

M 1

Rose Ausländer

Warum ich schreibe?

Weil ich, meine Identität suchend, mit mir deutlicher spreche auf dem wortlosen Bogen. Er spannt mich. Ich bin gespannt auf die Wörter, die zu mir kommen wollen. Ich rede mit ihnen zu mir, zu dir,
5 rede dir zu, mich anzuhören. Die Welt stellt mir hinterlistige Fragen. Meine Wörter antworten ihr offenherzig mit Fragen. Geheimschriftlich blättert sich mein Leben ab, Blatt für Blatt: Jahre, die sich Verse auf das undurchdringliche Woher-Wohin?
10 machen. Ich lege Rechenschaft ab, über mich, meine Umgebung, Zustände, Zusammenhänge. Meine Wörter wollen gebucht werden: Soll und Haben. Du sollst uns haben, sagen sie, wenn du uns ins Buch einträgst. Ich sträube mich. Ich denke viele
15 Gedichte und Geschichten, schreibe nur einen kleinen Bruchteil davon. Warum? Weil. Erklärungen sind nur ein kleiner Bruchteil der Wahrheit."

M 2

Rose Ausländer

Wann ziehn wir ein

Wann ziehn wir ein
ins besamte Wort
Löwenzahnhaus
feingesponnen
5 im luftfarbnen Licht

Kein Luftschloß
Wortall
jedes Wort
in der Kugel
10 ein Samen

Wann graben wir aus
den verschütteten Quell
werfen alle Münzen
in den Brunnen
15 schöpfen Wassersterne
für die Löwenzahnwiese

Wann ziehn wir ein
in den Löwenzahnstern
ins besamte Wort

M 3

Rose Ausländer

Der Dichter

fügt wieder zusammen
das zerstückelte Lied

Von Splittern zerrissen
sein Wort
5 trägt fort der Blutstrom

treibt es
zum Herzen

Verwundet
kittet er
10 die zersprungene
Scheibe
Zeit

M 4

Rose Ausländer

Mutterland

Mein Vaterland ist tot
sie haben es begraben
im Feuer

Ich lebe
5 in meinem Mutterland
Wort

M 1

Rose Ausländer/Hilde Domin

„Zwei in einem"

Kleine Buchstaben
genaue
damit die Worte leise kommen
damit die Worte sich einschleichen
5 damit man hingehen muß
Wege
wollen gegangen werden
geh „ein Wort weiter"
gradaus schräg
10 hinauf hinab
zu den Worten
Geh
sie suchen in dem weißen
Papier
15 leise

finden deinen Schritt
im Sternenwald
Licht kleidet dich
in Schatten
20 in den Steinbruch
der Wörter
man merkt nicht wie sie eintreten
durch die Poren
Schweiß der nach innen rinnt
25 Angst
meine
unsere
und das Dennoch jedes Buchstabens

Drei Arten, Gedichte aufzuschreiben

Wege

_____

_____

_____

_____

_____

_____

_____

_____

_____

_____

_____

_____

Arbeitsanweisung:

Zwei Gedichte von Hilde Domin und Rose Ausländer wurden hier ineinander montiert.
Versuchen Sie, die beiden Text zu rekonstruieren.
Vergleichen Sie Ihre Versuche mit den Originaltexten.

M 2

Hilde Domin

Drei Arten, Gedichte aufzuschreiben

2

Kleine Buchstaben
genaue
damit die Worte leise kommen
damit die Worte sich einschleichen
5 damit man hingehen muß
zu den Worten
sie suchen in dem weißen
Papier
leise
10 man merkt nicht wie sie eintreten
durch die Poren
Schweiß der nach innen rinnt
Angst
meine
15 unsere
und das Dennoch jedes Buchstabens

M 3

Rose Ausländer

Wege

wollen gegangen werden
geh „ein Wort weiter"

gradaus schräg
hinauf hinab

5 finde deinen Schritt
im Sternenwald

Licht kleidet dich
in Schatten

Geh
10 in den Steinbruch
der Wörter

M 1

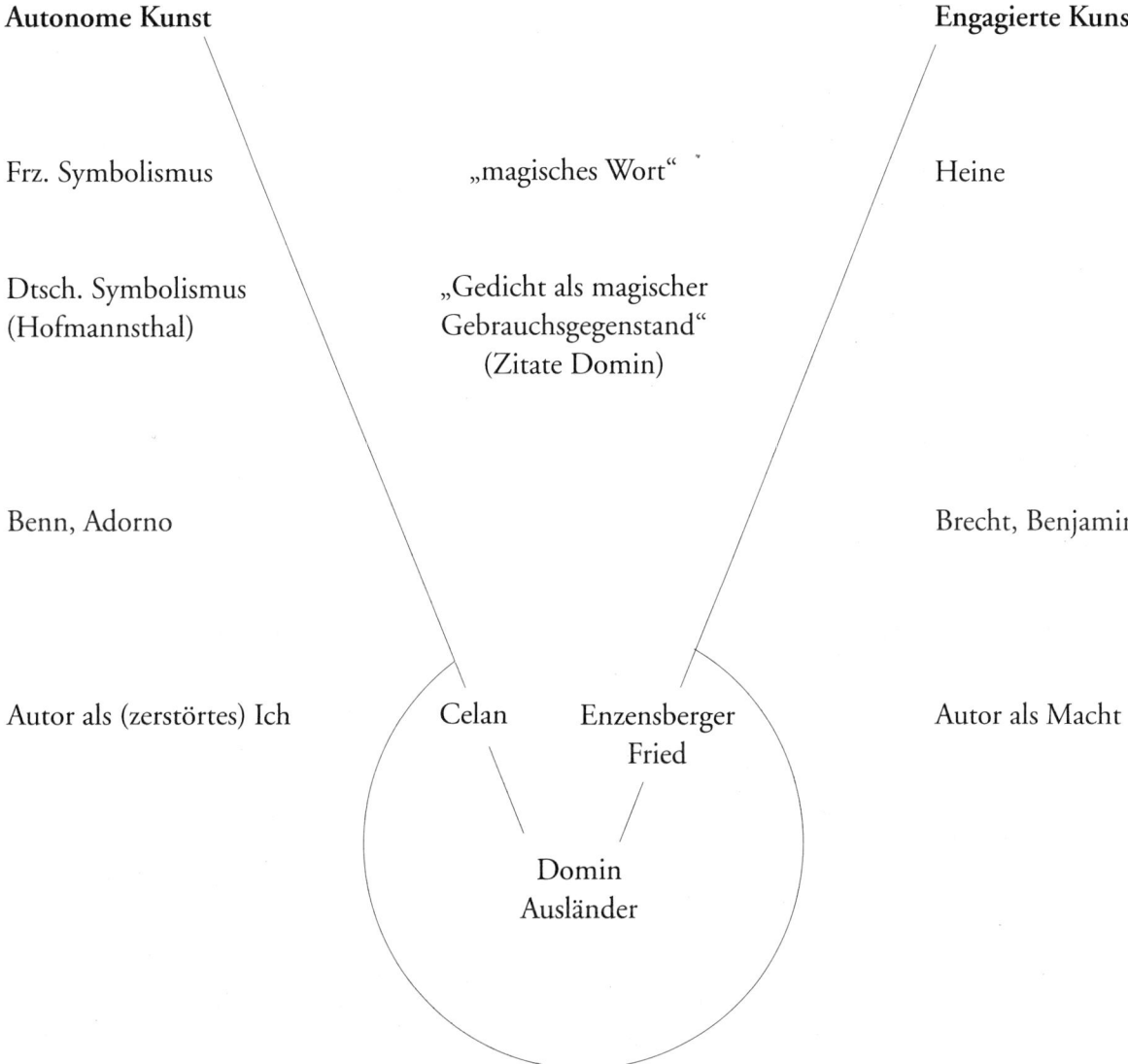

M 1

Adelheid Petruschke

Lyrik nach 1945

I. Hermetische Lyrik

Lyrik nach 1945 bedeutet Lyrik nach dem Zweiten Weltkrieg und der „Stunde Null". Die katastrophalen Ereignisse der Hitlerzeit und des Zweiten Weltkriegs hinterließen tiefe Spuren. Die
5 Verlogenheit einer Sprache, die als Machtmittel mißbraucht werden konnte und sich korrumpieren ließ, wurde – nicht nur von den Dichtern – so stark empfunden, daß es zunächst unmöglich schien, überhaupt noch etwas zu sagen. Die Scheu
10 des Dichters vor hohlen Phrasen führte am Anfang zu einer Suche nach neuen Inhalten, die nach 1945 wieder mitteilenswert erschienen.
Ein wichtiger Schritt dazu wurde 1947 getan. Von der amerikanischen Militärregierung wurde die von
15 Alfred Andersch und Hans Werner Richter geleitete Zeitschrift „Der Ruf" wegen Nihilismus verboten. Daraufhin gründete Richter die „Gruppe 47", der bald auch Günter Eich, später Krolow, Bobrowski, Enzensberger und viele andere Dich-
20 ter angehörten und die sich um einen kritischen Realismus bemühte.
[...]

„Hermetisch" heißt soviel wie vieldeutig, dunkel, eine geheimnisvolle Ausdrucksweise bevorzugend,
25 aber auch: verschlossen, nichts kann heraus- oder hineindringen. Diese Art des Dichtens hat viele Ursachen; es seien hier lediglich die beiden für unseren Zusammenhang wichtigsten Faktoren herausgegriffen.

30 1. In Hugo von Hofmannsthals „Brief des Lord Chandos" (1902) wird zum ersten Mal ausdrücklich das Bewußtsein einer Sprachkrise formuliert. Das Ich hat zu den Dingen der Welt nicht mehr dasselbe, ungebrochene Verhältnis wie beispiels-
35 weise zur Zeit Goethes. Bei Goethe konnte das Ich seine Umwelt noch so erfahren, daß es sich in der Harmonie einer von Gott durchwalteten Natur geborgen fühlte. Aus diesem Bewußtsein heraus war es Goethe möglich, seinen Symbolbegriff zu ent-
40 wickeln: Im Besonderen wird das Allgemeine gesehen; hinter allen Erscheinungen des Lebens ist es möglich, eine absolute, göttliche „Idee" zu ahnen. Ein solches Weltverständnis setzt den Glauben an einen Sinn der Welt voraus; aus dieser Gewißheit
45 heraus äußert sich dann auch der Dichter. Das Bewußtsein der Einheit von Ich und Welt beginnt im

Zuge des 19. Jahrhunderts brüchig zu werden. In dem Maße, in dem der Glaube an diese Einheit verlorengeht, wird das sprachliche Erfassen der Welt
50 zum Problem. Hugo von Hofmannsthal konstatiert das in seinem berühmten Chandos-Brief folgendermaßen:
Das hier angedeutete Mißtrauen gegenüber dem Ausdruckswert der Sprache und dem Wahrheits-
55 gehalt des Wortes führt später, wie wir im Kapitel Hermetische Lyrik noch sehen werden, zu einer Reduzierung und Konzentration des lyrischen Sprechens. Der Dichter versucht, dem Sog zur Leere hin dadurch zu entkommen, daß er auf alle Worte
60 verzichtet, die ihm abgegriffen oder schwammig erscheinen, und sich vor allem auf Substantive beschränkt, die die Intention des Dichters ohne ablenkendes Beiwerk vermitteln.

2. Der Faschismus mit seiner extremen Sprach-
65 manipulierung ist ebenfalls als Grund dafür zu nennen, daß sich die Dichter nach 1945 in Bereiche zurückzogen, die von denen der Massenansprachen, der Paraden und der Marschlieder möglichst weit entfernt lagen. Eine Sprache, die so viel gelogen
70 hatte, war zunächst völlig unglaubhaft geworden. Um wieder ins Gedicht aufgenommen zu werden, mußte sie in ganz neuer, reinerer Form erscheinen – nicht mehr vielseitig verwendbar, sondern stark verdichtet und immer in der Nähe des Verstum-
75 mens, das eigentlich die letzte Konsequenz aus den Ereignissen des Dritten Reiches sein müßte. So jedenfalls formulierte es Theodor Adorno 1949: „ ... daß es nach Auschwitz unmöglich ward, Gedichte zu schreiben."
80 Nun kann jedoch „hermetische Lyrik" nicht als Bezeichnung einer in sich einheitlichen lyrischen Richtung angenommen werden. Hermetische Gedichte können sich mit den verschiedensten Themen befassen und die verschiedensten Formen annehmen. Auch bestimmte Teile der Naturlyrik nach
85 1945 sind unter dem Begriff „hermetisch" einzuordnen.
[...]

Daß die Reflexion über die Rolle des Dichters und
90 die Funktion der Sprache im Gedicht gerade nach 1945 eine Notwendigkeit darstellt, sollte klar geworden sein.

Eine Fülle von programmatischen oder poetologischen Gedichten, die man in jeder Anthologie
95 der Lyrik nach 1945 finden kann, beweist, daß die Auseinandersetzung mit den in der Einleitung angedeuteten Problemen nicht nur auf rein theoretischer Basis stattfindet (z.B. in Büchner-Preis-Reden oder Vorlesungen), sondern sich bis tief in das
100 lyrische Kunstwerk hinein fortsetzt. Das ist nicht verwunderlich, wenn man bedenkt, wie zweifelhaft dem Dichter die ihn umgebende Wirklichkeit, zu der er ja dann auch alles von ihm Geschaffene zählt, geworden ist, und wie intensiv er angesichts dieser
105 Tatsache um die Rechtfertigung seines Dichtens ringen muß. Soll man in dieser Situation tatsächlich noch so unnütze Gebilde schaffen wie Gedichte?

Daß das Zeitgeschehen und die Zweifel an der Spra-
110 che eine so ursprüngliche Haltung dem Singen gegenüber unmöglich gemacht haben, ist leicht einsichtig.

Je nach Dichterpersönlichkeit und deren historischem, gesellschaftlichem oder künstlerischen
115 Umfeld fallen die poetologischen Äußerungen in den zusammengetragenen Gedichten unterschiedlich aus. Da ist zunächst Gottfried Benn, der seinen Glauben an das „absolute Gedicht" und die Kraft des Wortes auf Nietzsches „Artisten-
120 evangelium" zurückführt, dann Karl Krolow, der das immer größer werdende Schweigen im modernen Gedicht durch „intellektuelle Heiterkeit" bewältigt. Paul Celan ist geprägt von seiner jüdischen Vergangenheit, deren Leiden es ihm unmöglich
125 machen, so absolute Ansprüche an das Gedicht zu stellen wie Benn. Doch seine Hoffnung darauf, daß eine Bewegung auf ein Ziel zu durch das Gedicht bewirkt werden könnte, weicht erst am Ende seines Schaffens einer zunehmenden Verbitterung, die
130 sich auch in der extremen Reduktion dessen äußert, was noch gesagt werden kann. Peter Huchel versucht, in der Natur Zeichen dafür zu finden, daß eine Transzendenz auch nach 1945 noch erfahrbar ist, doch zeigen seine Gedichte immer wie-
135 der, daß diese Erfahrung ihm verschlossen bleibt. Hilde Domin und Günter Kunert fordern vom Gedicht, daß es gesellschaftlich verortet sein und zur Unruhe aufrufen solle.

Die poetologischen Gedichte darf man nicht im-
140 mer so verstehen, als ob sie ein unumstößliches Programm für das Gesamtwerk des Dichters bildeten. Oft sind sie ein momentaner Versuch, die Verzweiflung am Dichten in Worte zu fassen – Worte, die sich wieder zum Gedicht zusammenschließen, weil

145 der Dichter trotz allem „die Mitteilung des nicht – oder doch kaum – Mitteilbaren" als seine Aufgabe sieht, weil er „rufen" will und muß, „vox clamans" sein, „Stimme, die die andern aufruft, am Leben zu bleiben, Stimme, die sie verletzt und verletzbar
150 erhält" (Hilde Domin, Wozu Lyrik heute, S. 18).

M 2

II. Politische Lyrik

Politische Lyrik nach 1945 steht in der Tradition Brechts, ist engagierte Lyrik. Ohne den Glauben daran oder die Hoffnung darauf, eine Wirkung in der Öffentlichkeit zu erzielen, kann sie nicht le-
5 ben. Damit unterscheidet sich politische Lyrik grundsätzlich von der Lyrik in der Bennschen Tradition, die diese Wirkung in Frage stellt oder sogar völlig verneint.

Das politische Gedicht setzt sich zum Ziel, zu war-
10 nen, aufzuklären, den Leser kritisch zu stimmen. Dies kann nur geschehen, wenn das Gedicht sich nicht in einer Form des lyrischen Sprechens präsentiert, die möglicherweise zum bloßen Konsum verführt und so ihr Ziel verfehlen würde. Der
15 politische Lyriker versucht dementsprechend, z.B. durch schmucklose, oft der Prosa angenäherte Sprache, einen nüchternen Ton anzuschlagen, der dem Leser keinen Raum für verschwommene Gefühle läßt, sondern ihn zum Denken auffordert, oder er
20 verschweigt mehr, als er wirklich sagt, um durch die Spannung zwischen Gesagtem und Ungesagtem beim Leser kritische Aufmerksamkeit zu erregen. Es können in der engagierten Lyrik aber auch Bilder verwendet werden [...].

25 Engagierte Lyrik nimmt ihre Themen aus dem politischen und gesellschaftlichen Leben. Dabei liegen Schwerpunkte auf dem Anprangern sozialer Not und auf der Warnung vor dem Krieg. Immer wieder findet sich auch die Aufforderung zur kriti-
30 schen Reflexion gesellschaftlicher Verhältnisse, unter Umständen (ausgesprochen oder unausgesprochen) Appelle zur Veränderung der Verhältnisse, vor allem aber immer wieder die Mahnung, sich als aufgeklärtes, humanen Idealen verpflichtetes
35 Individuum zu beweisen und sein Verhalten entsprechend auszurichten.

M 1

Paul Celan

Sprache – Orientierung in der Wirklichkeit

„Sie, die Sprache blieb unverloren, ja, trotz allem. Aber sie mußte nun hindurchgehen durch ihre eigenen Antwortlosigkeiten, hindurchgehen durch furchtbares Verstummen, hindurchgehen durch die tausend Finsternisse todbringender Rede. Sie ging hindurch und gab keine Worte her für
5 das, was geschah: aber sie ging durch dieses Geschehen. Sie ging hindurch und durfte wieder zutag treten, angereichert von all dem.
In dieser Sprache habe ich in jenen Jahren und in den Jahren nachher, Gedichte zu schreiben versucht: um zu sprechen, um mich zu orientieren, um zu erkunden, wo ich mich befand und wohin es mit mir wollte, um
10 mir Wirklichkeit zu entwerfen.

Es war, Sie sehen es, Ereignis, Bewegung, Unterwegssein, es war der Versuch, Richtung zu gewinnen. Und wenn ich es nach seinem Sinn befrage, so glaube ich, mir sagen zu müssen, daß in dieser Frage auch die Frage nach dem Uhrzeigersinn mitspricht. Denn das Gedicht ist nicht zeitlos.
15 Gewiß, es erhebt einen Unendlichkeitsanspruch, es sucht, durch die Zeit hindurchzugreifen – durch sie hindurch, nicht über sie hinweg.
Das Gedicht kann, da es ja eine Erscheinungsform der Sprache und damit seinem Wesen nach dialogisch ist, eine Flaschenpost sein, aufgegeben in dem – gewiß nicht immer hoffnungsstarken – Glauben, sie könnte ir-
20 gendwo und irgendwann an Land gespült werden, an Herzland vielleicht. Gedichte sind auch in dieser Weise unterwegs: sie halten auf etwas zu. Worauf? Auf etwas Offenstehendes, Besetzbares, auf ein ansprechbares Du vielleicht, auf eine ansprechbare Wirklichkeit.
Um solche Wirklichkeiten geht es, so denke ich, dem Gedicht …"

M 2

Paul Celan

WOHIN MIR das Wort, das unsterblich war, fiel:
in die Himmelsschlucht hinter der Stirn,
dahin geht, geleitet von Speichel und Müll,
der Siebenstern, der mit mir lebt.

5 Im Nachthaus die Reime, der Atem im Kot,
das Auge ein Bilderknecht –
Und dennoch: ein aufrechtes Schweigen, ein Stein,
der die Teufelsstiege umgeht.

M 3

Gottfried Benn

„Absolutes Gedicht"

[…] –: das absolute Gedicht, das Gedicht ohne Glauben, das Gedicht ohne Hoffnung, das Gedicht an niemanden gerichtet, das Gedicht aus Worten, die Sie faszinierend montieren. Und, um es nochmals zu sagen, wer auch hinter dieser Formulierung nur Nihilismus und Laszivität erblicken will, der übersieht, daß noch hinter Faszination und Wort genügend Dunkelheiten und Seinsabgründe liegen, um den Tiefsinnigsten zu befriedigen, daß in jeder Form, die fasziniert, genügend Substanzen von Leidenschaft, Natur und tragischer Erfahrung leben.

M 4

Gottfried Benn

Ein Wort

Ein Wort, ein Satz –: aus Chiffren steigen
erkanntes Leben, jäher Sinn,
die Sonne steht, die Sphären schweigen
und alles ballt sich zu ihm hin.

5 Ein Wort – ein Glanz, ein Flug, ein Feuer,
ein Flammenwurf, ein Sternenstrich –
und wieder Dunkel, ungeheuer.
im leeren Raum um Welt und Ich.

M 5

Erich Fried

Lyrik gibt es nicht

Gedichte dienen zunächst dem Dichter zum Selbstverständnis, vor allem
aber zur Bewältigung der Spannungen, die daraus entstehen, daß man sich
Eindrücken und Erkenntnissen weder verschließen will oder kann, noch
der so erlebten Welt, Umwelt oder Innenwelt gegenüber stumpf und zy-
5 nisch werden kann oder will. Manche Menschen müssen dichten, „um das
Leben ertragen zu können." Der Künstler muß also sehen, hören, denken,
lernen, Gewohntes mit neuen Augen sehen, Getrenntes zusammendenken
und zusammenfühlen, aufwachen, ehe er andere aufwecken kann. Das
entspricht genau der Arbeit an den eigenen Gedanken- und Gefühls-
10 strukturen, die sich aus dem Zusammenprall mit der Welt ergeben.
Da ein Dichter von anderen Menschen nicht grundverschieden ist, können seine Bemühungen, seine Auseinandersetzungen mit sich in Worten
zu spiegeln, auch anderen nützen, gleichzeitig Mensch und lebensfähig zu
werden oder zu bleiben bzw. zu tun, was dazu nötig ist.

M 6

Erich Fried

Die Händler

Sie sind nicht feilschende Juden
und das ist leicht zu erkennen
denn sie leben
und sechs Millionen feilschende Juden sind tot

5 Sie leben und protestieren:
Man tut uns Unrecht
Es waren nicht sechs Millionen
es waren nur fünfeinhalb

Sie leben und wehren sich
10 gegen das bittere Unrecht:
Es waren nicht fünfeinhalb
es waren nur fünf

Nur fünf Millionen –
man tut uns millionenfach Unrecht
15 nur fünf Millionen –
Wer bietet weniger?

M 1

Rose Ausländer

Liebe II

Erwacht
als Stimmen uns trafen

flogen Fische durch unser Haar
zartfarbig die Flossen
5 fast Blumen

Wasser schäumte herauf
aus begrabenem Brunnen
mit hohler Hand
schöpften wir
10 tranken einen Schluck
der Rest rann
durch die Finger

schöpften Mut
erfrischt
15 auf Jagd nach den Stimmen

über uns
immer noch sprachen sie
sternmächtig
erschreckend

20 Wir legten uns
zu den Fischen
legten ab
jedes Wort

M 2

Rose Ausländer

Entfremdung

Wir treffen uns
hinter der Heimat
im Haus mit
gebrochenem Flügel

5 schenken uns Fremde
einer des andern
Findling

Staub auf den Lippen
wortein wortaus

10 wir tragen Meilensteine
wohin

Dein Atem weht
in andre Richtung
ich falle
15 aus deinen Pupillen
ins Dickicht
Ich erkenne dich nicht

M 3

Rose Ausländer

Bis an den Nagelmond

Bis an den Nagelmond
denk ich an dich
wenn die Nacht mich nimmt

Sie haben dich begraben
5 im Feuer

Ich halte den Gedanken
deiner Asche
im Blutgefäß
das rastlos zum Herzen führt
10 deinen Namen

Wie schön
Asche blühn kann
im Blut

M 4

Rose Ausländer

Und

Und Wiesen gibt es noch
und Bäume und
Sonnenuntergänge
und
Meer
und Sterne …

Arbeitsanweisung:

Setzen Sie das Gedicht „Und" fort. Beziehen Sie dazu die Kenntnisse über
Leben und Werk, vor allem über zentrale Motive und Bilder Rose Ausländers
mit ein. Bedenken Sie das weitgespannte Liebesthema.

✂ –

Und

Und Wiesen gibt es noch
und Bäume und
Sonnenuntergänge
und
5 Meer
und Sterne
und das Wort
das Lied
und Menschen
10 und

M 5

Paul Klee

Ein Doppelschreier, 1939

M 6

Rose Ausländer

Durch ein
Sternenfeld
schreiten

Taumel
5   einer
Silberzeit

Worte vom
Horizont

in meiner
10 offenen Hand

M 7

Hilde Domin

Tunnel

dem Andenken Virginia Woolfs

Zu dritt
zu viert
ungezählte, einzeln

allein
5   gehen wir diesen Tunnel entlang
zur Tag- und Nachtgleiche

drei oder vier von uns
sagen die Worte
dies Wort:

10 „Fürchte dich nicht"
es blüht
hinter uns her.

Arbeitsanweisung:

Zeigen Sie Verwandtes in den beiden Gedichten auf. Versuchen Sie, bei der
Interpretation Klees Gemälde miteinzubeziehen.

M 1

Hilde Domin

Alle meine Schiffe

Alle meine Schiffe
haben die Häfen vergessen
und meine Füße den Weg.
Es wird nicht gesät und nicht geerntet,
5 denn es ist keine Vergangenheit
und keine Zukunft,
kaum eine Bühne im Tag.

Nur der kleine
zärtliche Abstand
10 zwischen dir und mir
den du nicht verminderst.

M 2

Hilde Domin

Rücken

Der Rücken des Geliebten am Fenster
steil
vor den Rücken
der Wabentürme New Yorks.
5 Stadt der einsamsten Bienen
gärend
von ungefragtem Honig,
Rücken aus Fremde.

M 3

Hilde Domin

Dichtung und Liebe haben nicht nur die Be-
sonderheit ihrer Zeit außer der Zeit gemeinsam: beide sind zweckfrei. Dienen keinem
„Um zu", sondern sind um ihrer selbst willen
da, wie alles, worauf es in Wahrheit ankommt.

M 4

Hilde Domin

Vogelschwingen

Goldne und silberne Ampeln
die Regentropfen
auf jedem Grashalm.
Verweintes Wiesengesicht
5 leuchtend in Sonne.

Stille Kreise des Vogels,
rostbraune Schwingen,
so sanft im Himmel,
wie Liebe mit Liebe
10 im Gleichgewicht
in meinem Herzen.

M 5

Hilde Domin

Windgeschenke

Die Luft ein Archipel
von _____ .
Schwaden von Lindenblüten
und sonnigem Heu,
5   süß _____ ,
stehen und warten auf mich
als umhüllten mich Tücher,
von lange her
aus sanftem Zuhaus
10   von der_____ gewoben.

Ich bin wie im Traum
und kann den Windgeschenken
kaum glauben.
Wolken von _____
15   fangen mich ein,
und das _____ beißt
seinen kleinen Zahn
in mein _____ .

Arbeitsanweisung:

Setzen Sie nach Ihren Vorstellungen passende Wörter in die Leerstellen des Gedichts. Bedenken Sie
dabei das Thema und beziehen Sie Ihre Kenntnisse über Hilde Domins Leben und Werk mit ein.

Hilde Domin

Windgeschenke

Die Luft ein Archipel
von Duftinseln.
Schwaden von Lindenblüten
und sonnigem Heu,
5 süß vertraut,
stehen und warten auf mich
als umhüllten mich Tücher,
von lange her
aus sanftem Zuhaus
10 von der Mutter gewoben.

Ich bin wie im Traum
und kann den Windgeschenken
kaum glauben.
Wolken von Zärtlichkeit
15 fangen mich ein,
und das Glück beißt
seinen kleinen Zahn
in mein Herz.

Hilde Domin

Behütet

Ich schlafe im Schutz
meiner Traurigkeit.
Das Leid wie das Glück
baut Mauern.

5 Ich, ohne Haus
immer im Schutz dieser Mauer,
wo der Krieg
stillsteht.

10 Wo ich an der Wunde
von einer Taube
Brustfeder
sterbe.

M 1

Paul Celan

Nacht

Kies und Geröll. Und ein Scherbenton, dünn,
als Zuspruch der Stunde.

Augentausch, endlich, zur Unzeit:
bildbeständig,
5 verholzt
die Netzhaut –:
das Ewigkeitszeichen.

Denkbar:
droben, im Weltgestänge,
10 sterngleich,
das Rot zweier Münder.

Hörbar (vor Morgen?): ein Stein,
der den andern zum Ziel nahm.

M 2

Else Lasker-Schüler

Ein alter Tibetteppich

Deine Seele, die die meine liebet,
Ist verwirkt mit ihr im Teppichtibet.

Strahl in Strahl, verliebte Farben,
Sterne, die sich himmellang umwarben.

5 Unsere Füße ruhen auf der Kostbarkeit,
Maschentausendabertausendweit.

Süßer Lamasohn auf Moschuspflanzenthron,
Wie lange küßt dein Mund den meinen wohl
Und Wang die Wange buntgeknüpfte Zeiten schon?

M 3

Sarah Kirsch

Die Luft riecht schon nach Schnee

Die Luft riecht schon nach Schnee, mein Geliebter
Trägt langes Haar, ach der Winter, der Winter der uns
Eng zusammenwirft steht vor der Tür, kommt
Mit dem Windhundgespann. Eisblumen
5 Streut er ans Fenster, die Kohlen glühen im Herd, und
Du schönster Schneeweißer legst mir deinen Kopf in den Schoß
Ich sage das ist
Der Schlitten der nicht mehr hält, Schnee fällt uns
Mitten ins Herz, er glüht
10 Auf den Aschekübeln im Hof Darling flüstert die Amsel

M 1

… das allen in die Kindheit
scheint und worin noch
niemand war: Heimat

Ernst Bloch

M 2

Hilde Domin

Auf Wolkenbürgschaft

für Sabka

Ich habe Heimweh nach einem Land
in dem ich niemals war,
wo alle Bäume und Blumen
mich kennen,
5 in das ich niemals geh,
doch wo sich die Wolken
meiner
genau erinnern,
ein Fremder, der sich
10 in keinem Zuhause
ausweinen kann.

Ich fahre
nach Inseln ohne Hafen,
ich werfe die Schlüssel ins Meer,
15 gleich bei der Ausfahrt.
Ich komme nirgends an.
Mein Segel ist wie ein Spinnweb im Wind,
aber es reißt nicht.
Und jenseits des Horizonts,
20 wo die großen Vögel
am Ende ihres Flugs
die Schwingen in der Sonne trocknen,
liegt ein Erdteil
wo sie mich aufnehmen müssen,
25 ohne Paß,
auf Wolkenbürgschaft.

Arbeitsanweisung:

Interpretieren Sie Hilde Domins Gedicht, und beziehen Sie sich dabei auf ihre Lebensgeschichte. Versuchen Sie, Blochs Zitat für die Deutung fruchtbar zu machen.
Klären Sie dabei die Frage, was für Hilde Domin Heimat und Heimkehr bedeutet.

M 3

Hilde Domin

Rückkehr der Schiffe

Du hast alles fortgehen lassen
was dir gehörte.
Auch die Erwartung.
Abgewandt stieg sie aufs Schiff,
5   ehe sich's löste
aus deiner Bucht.

Du vergißt dein Gesicht.
Ein Toter fast
der sich noch regt
10   und der sich noch die Nägel schneiden kann,
dem auch die Wangen oft naß sind,
ohne daß er merkt daß er weint.

Aber nichts stirbt ganz.
Schläft nur in dir, dem fast Toten.
15   Alles kann wiederkommen.
Nicht so.
Aber doch, auf seine Art,
wieder-kommen.

Auch das Schiff.
20   Alle deine Schiffe zugleich.
Ein sanftes Licht.
Du weißt es selber nicht,
sind dir die Schiffe heimgekehrt,
heben hohe Bäume sich aus dir?

25   Nur daß Weite und Licht ist
in deiner unendlichen Brust
und sich alles versöhnt, bei seiner
Einfahrt in diese große Wunde
ohne Ränder, die
30   vollsteht mit einem süßen Wasser.

M 1

Rose Ausländer

Daheim

In der Fremde
daheim

Land meiner Muttersprache
sündiges büßendes Land
5 ich wählte dich
als meine Wohnung
Heimatfremde

wo ich viele
fremde Freunde
10 liebe

M 2

Rose Ausländer

Selbstporträt

Jüdische Zigeunerin
deutschsprachig
unter schwarzgelber Fahne
erzogen

5 Grenzen schoben mich
zu Lateinern Slaven
Amerikanern Germanen

Europa
in deinem Schoß
10 träume ich
meine nächste Geburt

M 3

Hilde Domin

Unterwegs

Von Herberge zu Herberge
Vergessenheit.
Der eigene Name
wird etwas Fremdes.

5 Deine Mutter
lebt nirgendwo,
ist längst dein Kind geworden,
das du nicht gebierst.

Und daß dich einer liebt,
10 daß man dich anders lieben kann
als im Vorübergehn,
das nimmt dich wunder.

M 1

Rose Ausländer

Ostern

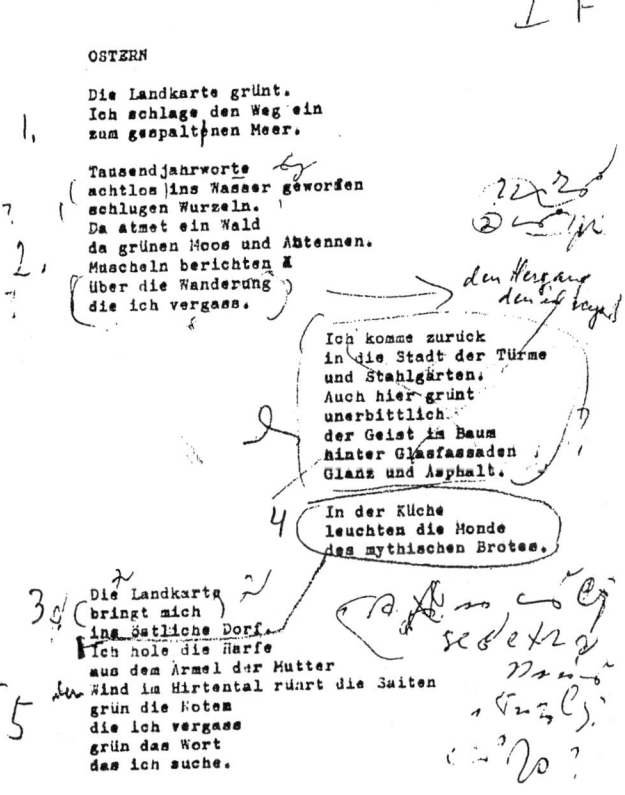

M 2

Veröffentlichtes Gedicht: Ostern II

Der Weg auf der Landkarte
führt zum gespaltenen Meer

Worte die ich
ins Wasser warf
5 vor meiner Geburt
aufgefangen von Fischantennen
die lautlos berichten
was ich vergaß

Porös im Ozean
10 atmet der Kiemenwald
die Legende

Bringt mich zurück
die Landkarte

In der Küche
15 leuchten die Monde
des mythischen Brotes

Aus dem Ärmel der toten Mutter
hol ich die Harfe
der Wind im östlichen Hirtental
20 rührt die Saiten

Plagen und Wunder
Sandschlangen

Das Zicklein
das Zicklein

Arbeitsanweisung:

Erarbeiten Sie die Unterschiede zwischen frühem Manuskript und später Veröffentlichung.
Versuchen Sie, Erklärungen aus Biographie und lyrischem Selbstverständnis zu finden.

M 1

Rose Ausländer

Bukowina II

Landschaft die mich erfand

...

...

...

...

...

...

...

...

...

...

Arbeitsanweisung:

Verfassen Sie einen lyrischen Text zu diesem Gedichtanfang von Rose Ausländer. Beziehen Sie dabei Ihre Kenntnisse über das Leben der Autorin mit ein.

 ────────────────────────────

Bukowina II

Landschaft die mich
erfand

wasserarmig
waldhaarig
5 die Heidelbeerhügel
honigschwarz

Viersprachig verbrüderte
Lieder
in entzweiter Zeit

10 Aufgelöst
strömen die Jahre
ans verflossene Ufer

M 1

Joseph von Eichendorff

Heimweh

Wer in die Fremde will wandern,
Der muß mit der Liebsten gehn,
Es jubeln und lassen die andern
Den Fremden alleine stehn.

5 Was wisset ihr, dunkle Wipfel,
Von der alten schönen Zeit?
Ach, die Heimat über den Gipfeln,
Wie liegt sie von hier so weit!

Am liebsten betracht ich die Sterne.
10 Die schienen, wie ich ging zu ihr,
Die Nachtigall hör ich so gerne,
Sie sang vor der Liebsten Tür.

Der Morgen, das ist meine Freude!
Da steig ich in stiller Stund
15 Auf den höchsten Berg in die Weite.
Grüß dich, Deutschland, aus Herzensgrund!

M 2

Else Lasker-Schüler

Rast

Mit einem stillen Menschen will ich wandern
Über die Berge meiner Heimat,
Schluchzend über Schluchten,
Über hingestreckte Lüfte.

5 Überall beugen sich die Zedern
Und streuen Blüten.

Aber meine Schulter hängt herab
Von der Last des Flügels.
Suche ewige, stille Hände:
10 Mit meiner Heimat will ich wandern.

M 3

Hans Bender

Heimkehr

Im Rock des Feindes,
in zu großen Schuhen,
im Herbst,
auf blattgefleckten Wegen
5 gehst du heim.

Die Hähne krähen
deine Freude in den Wind,
und zögernd hält
der Knöchel
10 vor der stummen,
neuen Tür.

M 4

Nelly Sachs

Ich bin meinem Heimatrecht auf der Spur
dieser Geographie nächtlicher Länder
wo die zur Liebe geöffneten Arme
gekreuzigt an den Breitengraden hängen
5 bodenlos in Erwartung –

M 1

Rose Ausländer

Noch bist du da

Wirf deine Angst
in die Luft

Bald
ist deine Zeit um
5   bald
wächst der Himmel
unter dem Gras
fallen deine Träume
ins Nirgends

10   Noch
duftet die Nelke
singt die Drossel
noch darfst du lieben
Worte verschenken
15   noch bist du da

Sei was du bist
Gib was du hast

M 2

Rose Ausländer

Alter

Diese harten Tage

Vergeblich leuchten
die Anemonen

Der Himmel ist grau
5   eine dunkle Wolke
weint

Ich suche den toten Freund
im Traum

Das Schreiben
10   tut weh

M 3

Rose Ausländer

Wieder

Mach wieder
Wasser aus mir

Strömen will ich
im Strom

5   ins Meer
münden

M 4

Rose Ausländer

„Natürlich ist die soziale Lage des alternden und alten Menschen, somit auch des Schriftstellers, weit schwieriger als die des jungen. In unserer Zeit wird ja in erster Linie, ja, man darf sagen, fast ausschließlich die Jugend gefördert. Dies gilt besonders für den Lyriker. Der alte Schriftsteller oder Dichter, namentlich die Schriftstellerin, hat nur eine gute Chance, wenn er (oder sie) schon seit vielen Jahren „in" ist oder eine besonders sensationelle Neuheit anbietet."

M 1

Hilde Domin

Älter werden
Antwort an Christa Wolf

> *„Du weinst um das Nachlassen … und, so*
> *unglaublich es sein mag, den unvermeidlichen*
> *Verfall der Sehnsucht."*
> *(„Kindheitsmuster")*

1

Die Sehnsucht
nach Gerechtigkeit
nimmt nicht ab
Aber die Hoffnung

5 Die Sehnsucht
nach Frieden
nicht
Aber die Hoffnung

Die Sehnsucht nach Sonne
10 nicht
täglich kann das Licht kommen
durchkommen

Das Licht ist immer da
eine Flugzeugfahrt reicht
15 zur Gewißheit

Aber die Liebe

der Tode und Auferstehungen fähig

wie wir selbst
und wie wir

20 der Schonung bedürftig

Arbeitsanweisung:

Verfassen Sie einen fiktiven Briefwechsel zwischen Rose Ausländer und Hilde Domin
zum Thema Altern und Tod.

M 2

Hilde Domin

„Ob es nun ein Mann oder eine Frau ist, die spricht, ich frage nur nach der Qualität des
Gedichts, also, ob das Gesagte dem zu Sagenden, kaum noch zu Sagenden, zum Wort verhol-
fen hat, so daß es weitersagbar ist.
Die Frage: Autor oder Autorin stelle ich mir dabei nicht, habe sie mir auch bei den von mir
herausgegebenen Anthologien nicht gestellt. Ich müßte jetzt direkt einmal nachzählen. An-
stoß nehme ich allerdings an folgendem und möchte es hier auf den Tisch legen. Ich spreche
von der eigenartigen Ghettoisierung, die die Kritik praktiziert. Frauengedichte werden nur an
Frauen gemessen. Zumindest meistens."

Kommentar

Kapitel 1: Rose Ausländer – Hilde Domin: Leben und Werk

Ziele und Intentionen

Das erste Kapitel soll ein erstes Kennenlernen der beiden Autorinnen Rose Ausländer und Hilde Domin ermöglichen. In der Begegnung und Auseinandersetzung mit deren Lebensgeschichte und Lebensentwürfen, mit einigen Gedichten, die deutlich biographische Bezüge aufweisen, sowie mit autobiographischen und poetologischen Äußerungen der beiden wird eine Annäherung erreicht. Eine weitere Funktion des Kapitels besteht darin, die beiden Lyrikerinnen mittels fünf schon hier deutlich werdenden Kategorien in die Tradition der lyrischen Moderne einzuordnen.

Die Materialien zu den beiden Autorinnen Ausländer und Domin können sukzessive oder parallel bearbeitet werden, je nach Zielsetzung und Leistungsfähigkeit in der Lerngruppe. D. h. die Arbeitsblätter können entweder in der vorgegebenen Reihenfolge (Rose Ausländer: A 1–A 5; Hilde Domin: A 6–A 8) durchgenommen werden, es können jedoch auch einzelne Arbeitsblätter zu den beiden Autorinnen herausgelöst und kontrastiv behandelt werden. So könnten die Schülerinnen und Schüler z. B. anhand der beiden Eingangsseiten zu Ausländer und Domin (A 1 und A 6) erste Erfahrungen mit dem Thema „Exilautorinnen der lyrischen Moderne" sammeln. Beide Autorinnen können in einem offenen Unterrichtsgespräch verglichen und erste Gemeinsamkeiten erarbeitet werden: die Nachdenklichkeit, ja Skepsis, und die Zuversichtlichkeit, Hoffnung.
Im Kommentar werden die „Nahtstellen" angesprochen, aus heuristischen Gründen die Texte jedoch meist ihrer Abfolge nach besprochen.
Nur die wichtigsten Texte werden ausführlich im Kommentar angesprochen. Andere ergänzen sie oft in ähnlicher Aussage und Intention und können entsprechend ohne Mühe zur Interpretation herangezogen werden.

A 1

M 1: Ausländers Gedicht „Vergiß" markiert ihr poetologisches Credo, ist Wortspiel um Wahrheit und Wirklichkeit gegenüber poetischer Fiktion und Träumen. Die dezidierte Aufforderung an den Leser, die poetische Wahrheit als eine höherwertige, eigentliche Wirklichkeit zu begreifen, korrespondiert mit einer Absage ans nur Rational-Kluge, Intellektuelle, soweit es keinen Raum läßt für eine zweite Bewußtseinsebene, einer Innenwelt der Träume und geistigen Realität. Der Bezug auf die Überschrift „Wohnen in Traumworten" erleichtert und ergänzt die Deutung. Die poetologische Aussage verweist auf ein dominierendes Thema der modernen Lyrik nach 45: die Knappheit und Schmucklosigkeit der Zeilen, die Reduktion auf das Wesentliche, auf Sprachnot und Zuflucht im Wort zugleich. Die Parallelkonstruktion der ersten und zweiten Strophe betont die inneren Zusammenhänge zwischen poetischer und realer Wahrheit, bricht aber an den jeweils entscheidenden Stellen ab: Artikel werden in Enjambements variiert (Z. 1, 4, 6, 7), die Bedeutung von „poetischer Wahrheit" dadurch betont. Erst die Schlußzeile setzt im Genitiv einen neuen Akzent „die Träumer/der wahren Wirklichkeit".

M 2: Ausländers „Wir kamen heim" kann im Zusammenhang mit ihrer Biographie (vgl. A 2) erarbeitet werden, Parallelen sind unschwer für die Schülerinnen und Schüler zu finden. Im für die Autorin zentralen Motiv der „Rosen" kann der Leser die Geschichte von Exil und Verfolgung, die existentielle Bedrohung nachvollziehen. Auf das Wortspiel mit dem eigenen Namen in der ersten Strophe sollte unbedingt hingewiesen werden, da damit beide Pole ihres Lebens – die Hoffnung und das Fremdsein – deutlich werden.

A 2/A 3

Die Materialien zur Biographie Rose Ausländers, ihre Erinnerungen an die Heimatstadt Czernowitz sowie Karte und Fotos vermitteln den Schülerinnen und Schülern einen ersten Eindruck von Leben und Heimat der Autorin. Besondere Bedeutung kommen dem kosmopolitischen und intellektuell anregenden Charakter Czernowitz' zu. Die junge Dichterin sah sich dort mit vielfältigen geistigen Strömungen und Schulen konfrontiert.

A 4

Die Reflexionen in **M 1/M 2** eröffnen den Schülerinnen und Schülern einen neuen Blick auf den lebenslangen Schaffensprozeß der Autorin, auch auf ihre Verbindung zu Celan und den gemeinsamen Schreibmotiven (M 2, Z. 13–21).

A 5

Anhand der drei hier zusammengestellten Gedichte kann noch einmal exemplarisch Bewältigung und Verarbeitung von Vergangenheit in Rose Ausländers lyrischem Schaffen bewußt gemacht werden.

In „Biographische Notiz" (M 1) verbinden sich Anfangs- und Schlußzeile zum Überlebensmotto Rose Ausländers: Leben, Überleben, bedeutet lyrisches Sprechen. Zum biographischen Bezug einer Identitätsfindung, über Enjambements von Strophe zu Strophe weitergeführt, tritt ein zweites, poetologisches, in dem über die Negativformulierung „nicht über Rosen/red ich", „verstummtem Nachtigallsang" Sprachnot und Sprachverlust deutlich werden und in kausalen Zusammenhang mit dem Leid von Verfolgung und Massenvernichtung gebracht werden können. Das Bild der „Luftschaukel" in Strophe 5 zeigt nicht nur die biographisch bestimmte Verbindung Europa – USA an, sie versinnbildlicht auch einen inneren Zustand der Schwebe und der Heimatlosigkeit. Die wechselnde Rhythmik und die Dynamik der drei Zeilen vermögen auch ein hoffnungsvolles, spielerisches, ja humorvolles Element in den Text aufzunehmen. Die Knappheit des Gedichts, einer Momentaufnahme gleichend, legt Spannung in positive wie negative Vokabeln, Enjam-bements schaffen Mehrdeutigkeiten, Alliterationen und Klangfarben Verdichtungen. In der dritten Strophe zentriert sich die Aussage, die Erfahrung des Holocaust ist der Brennpunkt im Gedicht und im Leben Rose Ausländers.

M 2 beschwört die verlorene Heimat und bringt, versetzt mit leichter Skepsis, Geborgenheit in der Religion zum Ausdruck (Z. 5–8).

M 3 belegt wieder einmal nachdrücklich Rose Ausländers Mut zur Hoffnung. Die Vergangenheit läßt sich nicht vergessen, aber trotzdem bleibt die Kraft zum Leben in der Gegenwart: „dennoch Rosen" (Z. 1).

Da die Gedichte in ihrem Aussagegehalt nicht schwierig zu erschließen sind, eignet sich A 5 gut für arbeitsgleiche Gruppenarbeit.

A 6

Die Analyse der Gedichte Hilde Domins ergibt im Anschluß an die der Ausländer-Texte eine inhaltliche Parallelität: das Vertrauen auf „Wunder", „Freude" und „Friede(n)". Beide Texte stammen aus ihrem ersten, 1954 veröffentlichten Gedichtband „Hier". Der hoffnungsvolle Grundton ist neben der poetischen Verarbeitung der Erfahrung des Fremdseins auch in den Werken Domins von größter Bedeutung. Beiden Gedichten ist die „leise" Zuversicht auf das Humane im Menschen und der Bezug auf eine innere Wirklichkeit in den „Träumen" eigen. Die moderne, reim- und metrumsfreie Sprache Domins ähnelt in ihrer Kargheit und ihrem umgangssprachlichen Ton der von Rose Ausländer.

A 7

Die Lektüre der Lebensdaten Hilde Domins und der Vergleich mit Rose Ausländer (vgl. A 2) ergibt, daß beide ähnliche Erfahrungen innerhalb derselben historischen Situation machten.

Diese Lebenserfahrungen und die daraus resultierenden Einstellungen verbinden Hilde Domin und Rose Ausländer mit nicht wenigen Autoren der Moderne; zu nennen ist hier vor allem Paul Celan, zu dessen Einfluß auf ihr Werk Rose Ausländer Stellung nimmt.

A 8

Die beiden Gedichte „Köln" und „Landen dürfen" M 4 und M 5 reflektieren biographische und geographische Bezüge, die Domin als Fremde, Sich-Erinnernde, als Heimat-Suchende zeigen. In beiden Texten spiegeln sich Realität und Traum in mehreren Brechungen. In „Köln" brechen sich die Irrealität der Erinnerung und Fremde der neuen Realität, das lyrische Ich findet dabei zu einer inneren Wahrheit und Wirklichkeit. Imaginäres („Die Toten und ich/wir schwimmen") vermischt sich mit einer nüchternen Bestandsaufnahme des Realen („haben neue große Türen/aus Glas"). Das „Glas" als Spiegelmedium verbindet zwei Wahrnehmungsebenen, im Bewußtsein des lyrischen Subjekts verbindet sich die Erinnerung an die Toten mit der Erfahrung der Fremde („versunken", „ich schwimme", „unserer alten Häuser").

Beide Gedichte können im Kontext der Äußerungen der Dichterin zu Schreibanfängen und -anlaß (M 1– M 3), das „Dennoch" als Lebensmotto erarbeitet werden.

A 9

Das Arbeitsblatt kann als Lernzielkontrolle verwendet werden. Es dient auch der Wiederholung der Themen und Fragestellungen des ersten Kapitels. Die Antwortvorgaben (vgl. S. 64) sind lediglich als knappe Anregung verstanden.

Kommentar

1. Die Biographien beider Autorinnen weisen Ähnlichkeiten auf in:

a) bezug auf ihr Judentum und Lyrik als Überlebensmedium

b) bezug auf ihre Flucht aus Nazi-Deutschland

c) bezug auf ihre späte Rückkehr nach Deutschland

d) bezug auf ihr Exil in Übersee

e) bezug auf ihre fast lebenslange Flucht/Reisen

2. Ihr Lebensweg und ihre Einstellungen weisen auch deutliche Unterschiede auf in:

a) bezug auf ihren Aufenthalt während der NS-Zeit: Rose Ausländer in Czernowitz, Hilde Domin in Santo Domingo

b) bezug auf ihre Erfahrungen mit dem Nationalsozialismus: Rose Ausländer: Tod und Terror Hilde Domin: keine direkten Erfahrungen

3. Skizzieren Sie die Bedeutung der Heimat für beide Autorinnen.

a) Ausländer: jüdisch-bukowinische Tradition in vielen Gedichten auch später erhalten geblieben

b) Domin: Suche nach verlorener Heimat bei Rückkehr

4. Wie schätzen Sie die Bedeutung des Judentums für die Dichtung beider Autorinnen ein? (Belege)

a) Ausländer: sehr hoch (Titel); Solidarität als Mitverfolgte

b) Domin: kaum, versteht sich nicht als gläubige Jüdin. Solidarität ohne eigenen Glauben

5. Nennen Sie fünf Merkmale, die die Gedichte der beiden Autorinnen verbinden und sie als typisch für moderne Lyrik auszeichnen.

a) Reimlosigkeit, freie Rhythmen, freie Strophengestaltung

b) Bilder- und Metaphernreichtum

c) Hermetische Sprache, Knappheit

d) Alltagsvokabular, Ellipsen

e) Poetologisches Grundthema

Kapitel 2: „Damit kein Licht uns bliebe" – Verfolgung und Exil

Die Arbeitsblätter dieser Sequenz liefern Text und Materialien zu dem für das Werk beider Autorinnen zentralen Thema Verfolgung und Exil.
A 10–A 14 legen dabei den Schwerpunkt auf den Aspekt Verfolgung/Schreiben nach dem Holocaust. Bei A 15–A 20 steht das Thema Emigration und Exil im Vordergrund.

A 10

Den Einstieg in die Sequenz bilden zwei Gedichte von Rose Ausländer und Hilde Domin, die – obgleich thematisch sehr unterschiedlich – zeigen, wie stark sie in der jüdischen Tradition stehen. Das Gedicht von Else Lasker-Schüler, 1902 veröffentlicht, kann zur historischen Vertiefung dienen.

M 1: Rose Ausländers Gedicht beschwört im 1. Teil in mehreren Bildern und Motiven die jüdische Religion und Tradition („blauweiß", „Jerusalem", „Tempel und Hohelied"), denen sich das lyrische Ich auch in der Distanz verbunden weiß („schwingt... herüber zu mir"). Durch die Wiederholung von „fünftausend Jahre jung" überwindet das lyrische Subjekt die zeitliche Entfernung vom Ursprung seiner Religion; Tradition und Geschichte des Judentums verschmelzen im Hier und Heute. Vermittelndes Medium ist der „Schal", der neben der religiösen Konnotation von „Gebetsschal" auch die Leichtigkeit der Verbindung von lyrischem Ich und Judentum ausdrückt („Schaukel", „Schwingt", „Spiel/ in der Luft"). Nach den sinnlich-freudvollen Naturbildern der vierten Strophe („Hügel", „Orangenaroma") mit dem Gefühl des Aufgehobenseins in einer langen Tradition schlägt in den letzten drei Zeilen des Gedichts die Stimmung um: das lyrische Ich erinnert sich an die „Altersgenossen", denen ihr Glaube Verfolgung und Tod brachte, und denen sich das lyrische Subjekt solidarisch verbunden weiß. Das Schlußbild erinnert an Celans „Todesfuge".
Die Schüler sammeln zunächst Ausdrücke, die eine Verbindung zum Judentum zeigen, und versuchen in einem zweiten Arbeitsschritt die Haltung des lyrischen Ich dazu zu ermitteln. Die besondere Bedeutung der Stadt Jerusalem (Titel!) ergibt sich in der Diskussion. Damit das Schlußbild mit seiner an den Gastod in Auschwitz gemahnenden Qualität erfaßt wird, kann Celans „Todesfuge" (vgl. A 12), eventuell in Ausschnitten, zur Arbeit herangezogen werden.

M 2: Das Gedicht Domins gehört in einen dreiteiligen Zyklus, der unmittelbar vor ihrer Rückkehr nach Deutschland entstand. Das „Lied" besingt klagend die schwierige Situation der Remigration, die Angst und Verwirrung, aber auch neue Hoffnung mit sich bringt. Die Verfolgung im Exil wird in der 1. Strophe angesprochen, das verwendete Bild erinnert an die Jagd um die Tore Jerichos im Alten Testament ebenso wie an den von Achill um die Mauern Trojas gehetzten Hector. Strophe 2 spricht die Angst des Zurückkehrenden und dessen Sprachnot an, der vor sich und der (Mörder-) Sprache flieht. Die Mittelstrophe drückt den zentralen Gedanken des Textes aus: Die Vertrauens- und Sprachkrise markiert zugleich einen Ausweg in der Nennung der Sprache „ABC", die sich als Mittel zur Identitätsfindung erweist.
Die Schüler versuchen nach einer Deutung im Unterrichtsgespräch den Sinn von „Jerusalem" in beiden Gedichten in eigenen Worten zu artikulieren (auch als schriftliche Hausaufgabe möglich). Domins Selbstdeutung auf A 10 analysieren die Schüler im Anschluß und halten die Unterschiede zur jeweils eigenen Interpretation fest.

M 3: Auch in Lasker-Schülers bedeutendem Gedicht spielt „Jerusalem" eine erlösende Rolle. Das an Liebesleid und Verzweiflung leidende lyrische Ich taucht an der Schwelle des Todes (Z. 3–6) ein in kosmische Dimensionen (Z. 10–12), erfährt Erlösung im jüdischen Glauben, in der Zugehörigkeit zum Judentum (Schlußzeilen, Alleinstellung von „Jerusalem"). Zur Interpretation des Titels können ebenfalls Ausschnitte aus Celans „Todesfuge" herangezogen werden. Die Schüler können die Bedeutung von Sulamith (Gestalt aus dem Hohelied Salomos) im Lexikon nachschlagen.

M 4: Der Text, ein Auszug aus der bekannten Selbstinterpretation Hilde Domins, kann als Hausaufgabe vorbereitet werden. Unterschiede zu den eigenen Deutungsentwürfen der Schüler werden gemeinsam diskutiert.

A 11

M 1: Die Bedeutung einer inneren Welt und der Trost durch die Poesie und die Freunde sollten deutlich herausgearbeitet werden.

M 3–M 4: Die beiden Gedichte zeigen bei gleichem Thema die Entwicklung der Lyrik Rose Ausländers vom traditionell gestalteten zum freirhythmischen modernen Gedicht. Dabei gelingen der Autorin aus größerer zeitlicher Distanz die eindringlicheren Verse, als es die

Kommentar

regelmäßig gebauten Strophen von M 3 ermöglichen. Auch die Schüler könnten eine Wertung versuchen. Beide Texte sprechen Gewalt und physischen Terror der Verfolgung an, in M 4 werden darüber hinaus in fast mystischer Weise die Folgen für das Individuum gezeichnet (Z. 4, 5). Die Bilder aus dem Bereich des Kosmischen transzendieren so die unmittelbare und singuläre Erfahrung des kollektiven Wir. Die knappe und lapidare Sprache verschärft den krassen Antagonismus stärker als die meist regelmäßig jambischen, mit Kreuzreimen versehenen Verse von M 3, in dem stärker als in M 4 Anklänge an biblische Motive verwendet sind („greisen Volkes Söhne", „Abendmahle", „Silberbecher", „Klagewand"). Elemente des jüdischen und des christlichen Glaubens sind dabei vermischt.

Vor der Bewertung der beiden Gedichte können diese laut von den Schülern vorgetragen werden, einzeln oder auch im Verfahren der sogenannten „Klagemauer". Jeder spricht für sich gegen eine Wand schauend ein selbst ausgewähltes Gedicht. Die akustische Wahrnehmung und Erfahrung des Wortes wird durch das laute Sprechen wesentlich erhöht. Hemmungen werden abgebaut, Zwischentöne durch das simultane Hören verschiedener Texte den Schülern deutlich.

M 5–M 8: Die Gedichte dieses Arbeitsblatts thematisieren Holocaust-Erfahrung. Die lebenslange Freundschaft von Rose Ausländer mit Paul Celan, die in den Tagen des Czernowitzer Getto entstand, bedeutet auch gegenseitige Beeinflussung ihrer Lyrik. Mit M 8 etwa antwortet Rose Ausländer auf ein Gedicht von Paul Celan (M 7).

M 5: Das Gedicht gehört zu den eindringlichsten und berührendsten Rose Ausländers über den Holocaust. Die alleingestellte, nur einen Vers umfassende erste Strophe stellt lapidar den Sachverhalt der Rettung weniger an den Anfang. Der nicht angesprochene Tod vieler wird dadurch um so dramatischer. Drei Mittelstrophen erläutern in der Folge das Unfaßbare; Bilder von Blut und Feuer verbinden sich, um die Greuel sprachlich zu erfassen. Im Oxymoron „schallendes Schweigen" (Titel!) wird die Reaktion als Steigerung von „schallendes Schauspiel" (vgl. zweimalige Alliteration) zusammengefaßt. Die Blickrichtung des lyrischen Ich folgt dem beschriebenen Szenario: vom Boden („krochen") zum das Blickfeld ausfüllenden Brand, zum Himmel nach oben gerichtet („Sterne"), Erlösung erflehend(?) oder in Verbitterung gesprochen. Am Ende fällt der Blick wiederum auf die „Geretteten": ihre Haltung ist nicht mehr fraglich („warten", „gescheiterte Schiffe"). Das Bild der beiden Schlußverse evoziert den Tod bereits am Lebensanfang, das jahrhundertealte Schicksal der Juden.

Eine methodische Möglichkeit wäre, das Gedicht lediglich vom Lehrer vortragen zu lassen und nicht unmittelbar im Anschluß daran zu deuten, sondern sich auf den Austausch subjektiver Eindrücke zu beschränken. Eine Deutung des Gedichts könnte als Hausaufgabe gestellt werden.

Die Schüler sollten bei ihrer Analyse zuhause vor allem die vielen Alliterationen und Vokalhäufungen herausarbeiten und sich in ihrer Deutung um eine umfassende Interpretation der Schlußbilder bemühen.

M 6: Das Gedicht kann als Ergänzung zu M 5 vorgetragen, gehört und/oder interpretiert werden. Das kollektive Wir (jüdisches Volk/Verfolgte) thematisiert die erfahrene Diskrepanz zwischen den Erfahrungen der Massenvernichtung („Raum aus Rauch", „Rauch ohne Gestalt", „Gettokleid") und denen des Überleben, sinnbildlich dargestellt durch „Brot", „Erdbeeren", „Wein", „duftenden Tisch". So bleibt auch die Rettung ein Moment „verwundert"(er) Reflexion, des Bewältigen-Müssens.

M 7–M 8: In M 8 bezieht sich Rose Ausländer in Titel und Widmung (= Z. 4 in M 8) ausdrücklich auf Celans Gedicht, indirekt auch auf dessen „Todesfuge" (vgl. A 12). Den Schülern könnten die Materialien kommentarlos gegeben werden: sie erarbeiten in Kleingruppen/Partnerarbeit die Zusammenhänge und Bedeutungen der beiden Texte.

M 7: In der bewegenden Gegenüberstellung von Naturbeschreibungen im jeweils ersten Vers der fünf Strophen und der Darstellung des Verlustes der Mutter in den zweiten, vollzieht sich eine Art Wanderung durch die Welt des lyrischen Subjekts von den Pflanzen hin zum Himmel („Wolke") und den Gestirnen („Stern"). Die letzte Strophe spricht die Gefangennahme und Abtransport der Mutter ins Todeslager an, die Schuldfrage bleibt offen („wer hob dich...").

M 8: Das zunächst zweizeilig angeordnete Gedicht nimmt Bezug auf den Tod von Celans Mutter in Auschwitz, in den im zweiten Teil länger werdenden Strophen 4 und 5 beschreibt Ausländer die Versuche Celans, dies zu bewältigen. Dem lyrischen Wort, der Poesie, kommt dabei zentrale Bedeutung zu, auch wenn Sprachnot und -skepsis ständig erfahren werden müssen („ertrank/im Tintenblut"). Die im Gegensatz zum äußerst verknappten Text (auch darin zeigt sich eine Annäherung an Celan) eher ausführlich gehaltene Schlußstrophe gibt ein inzwischen berühmt gewordenes Credo Rose Ausländers wieder: so negativ die Erfahrungen der Autorin auch waren – sie führen an die Grenze des Sagbaren überhaupt („verschwiegenen", „Nichtwort", „Leerraum") –, so sehr die Referenzbezüge der Sprache auch versagen, so bleibt auch für beide lyrisches Sprechen der letztmögliche Bezugspunkt, einzige Hoffnung als ein „Wohnen im Menschenwort". Das Vertrauen auf die schöpferische Potenz des Wortes bleibt darum „leuchtend". Auch für Celan konstituiert die Sprache die Welt, sie wird zur Identitäts- und Existenzgrundlage nach Auschwitz.

A 12

M 1: Die berühmte „Todesfuge" ist den Schülern u. U. aus der Mittelstufe bekannt; sie gewinnt in diesem Kontext jedoch an Aussagekraft. Ergänzende Materialien zum Bau einer Fuge können sich die Schüler selbst besorgen (Lexikon; Musiklehrer). Wiederholung und Variation der beiden Motive sollten sie dann selbständig interpretieren können.

M 2: Celans Gedicht negiert religiöse Hoffnungen auf die Existenz eines Gottes in der Zeit nach Auschwitz. Der Titel „Psalm" verweist gleichsam auf die Form des religiösen Preislieds („gelobt seist du"), das in paradoxer Verneinung einer tröstenden göttlichen Existenz zum Klagelied wird. Die zahlreichen Negierungen in den ersten drei Strophen erscheinen gerade wegen ihrer alttestamentarischen Anklänge als Ausdruck bitteren Hohns, der Sinnlosigkeit und Nichtigkeit menschlicher Existenz. Das Bild der „Niemandsrose" in Z. 13 gab dem gesamten Band Celans den Namen, in ihm wird Schönheit und Sinnlosigkeit des Lebens zu einer einzigartigen Chiffre montiert. Die hermetischen Bilder können von den Schülern nur teilweise aufgelöst werden, der Kontext der Gedichte Ausländers und Informationen zum Leben Celans sind hilfreich. Besonders die Schlußstrophe mit ihren spärlichen und verschlüsselten Bezügen auf die Leidensgeschichte Christi („Krone rot", „Dorn") ebenso wie auf einen mächtigen, das Menschengeschlecht in „wüst"er Regie leitenden Gott, besingt das Elend des Menschen. Ein Ausweg ist nicht denkbar, der Zustand irreversibel (Z. 10). Die Schüler informieren sich zusätzlich über Form und Funktion des Psalms. Sie stellen alle negativen Ausdrücke zusammen und versuchen das Verhältnis Gott – Mensch zu erläutern.

M 3: Die Adorno-Zitate machen den Schülern deutlich, welche Schwierigkeit Schreiben nach Auschwitz bedeutete.

M 4: Auch das Gedicht von Nelly Sachs stellt die Frage nach einem möglichen Weiterleben der Verfolgten und Gequälten („Todentrissenen"). Es spricht von der Fremdheit der Städte und Menschen für die Überlebenden des Holocaust, die für das Charakteristische und die Schönheit der Städte/Menschen nicht mehr empfänglich sind („Gabentischen der Bilderbuchhimmel"), bzw. nicht mehr an sie glauben können. Der Schmerz ist zu stark (Z. 9, 13–14). Die letzte Strophe spendet

einen schwachen Trost: nur die vergehende (!) Sonne (Z. 16), der Tod bringt Erlösung. Der Schlußvers zeigt zwar wie bei Celan religiöse Anklänge, aber der Ruf scheint in der Nacht zu verklingen, wie ein Klagelied.

A 13

M 1: Der Text ist ein Auszug aus Ruth Klügers biographischem Werk, das ihre Jugend in Wien nach dem Anschluß Österreichs ans Reich schildert. Deutlich werden die ständig zunehmenden Repressionen und Demütigungen, denen die Juden ausgesetzt waren. Der jüdische Alltag, der dem Holocaust vorausging, wird so für die heutigen Schüler greifbarer und lebendiger. Die fast kühl-distanzierte, an keiner Stelle larmoyante Schilderung Klügers ermöglicht es ihnen, sich das Thema ruhig anzueignen. Die Schüler bearbeiten die Situation der jungen Jüdin und zeigen, inwiefern sich die Belastungen steigern, die Erfahrungen schmerzlicher werden. Der Bericht endet unmittelbar vor dem Abtransport ins Konzentrationslager. Das Buch kann zur Lektüre dringend empfohlen werden.

Da die Schüler hier erstmals einen längeren Prosatext erarbeiten, kann speziell auf die erzählerischen Merkmale der Biographie eingegangen werden. Auch stellt der Text nach den zahlreichen Gedichten eine willkommene Abwechslung in der Textart dar.

A 14

Mit Hilfe dieses Arbeitsblattes läßt sich den Schülern noch einmal rasch und nachdrücklich am Beispiel der jüdischen Dichterin Gertrud Kolmar veranschaulichen, welchem Schicksal Rose Ausländer, Hilde Domin, Paul Celan u.a. gerade noch einmal entgingen.

A 15

Auf dem Arbeitsblatt sind, als Abschluß dieser Teilsequenz, zwei pointierte Zitate zusammengestellt, die Hilde Domins und Rose Ausländers Haltung zum Judentum charakterisieren.

M 1–M 2: In M 1 äußert sich Domin sehr direkt zu ihrem Verhältnis zu Judentum und jüdischer Religion. In einer großbürgerlichen Familie wurde die Autorin nicht religiös, sondern eher einer Kantschen Sollensethik verpflichtend erzogen; Rose Ausländer dagegen stammt zwar aus keiner orthodoxen jüdischen Familie, dennoch war die ostjüdische Tradition der Bukowina selbstverständlicher Bestandteil des kulturellen Lebens. Der Vater Rose Ausländers wurde noch vom Rabbi in Sadagora erzogen (vgl. Gedicht A 5). Das lyrische Ich ihrer Gedichte ist stets im Judentum verankert, bei allen Brechungen auch durch christlichen Einfluß. Bei

Kommentar

der nicht-gläubigen Domin zeigt sich ein Zusammengehörigkeitsgefühl, eine Solidarität gegenüber dem jüdischen Volk und seinem Schicksal in vielen ihrer Werke. M 2 spricht den Schock, den der Holocaust auslöste, direkt an, ebenso die Konsequenzen für die Lyrik Ausländers. Die bislang noch eher traditionell mit Reim und Metrum gesetzten Verse, die Bildbereiche und das Vokabular änderten sich drastisch. Kontinuität sieht die Autorin selbst nur in der „Stern"-Metapher, wenn auch mit anderen Vorzeichen. Nach der Wiedergabe der Texte in eigenen Worten versuchen die Schüler, die Aussagen auf die bisher gelesenen Gedichte zu übertragen.

A 16

M 1–M 2: Die Produktionsaufgabe in M 2 kann nach der Interpretation von M 1 in Einzelarbeit zu interessanten Ergebnissen führen. In M 1 sollte der Bezug zum jüdischen Schicksal in der dritten Strophe erkannt werden, ebenso die persönliche Verbundenheit und Identifikation Domins, die sich in der Emphase des Schlußverses ausdrücken („unsere Kinder"). Das Bedrohlich-Dunkle wird akzentuiert durch die häufige Verwendung des Vokals –u– Nach dem zweimaligen „immer", ein Kontinuum der Fremde andeutend und durch den Umlaut –ü– klanglich betont, fehlt dies bei der Schilderung der aktuellen (Titel!) leidvollen Situation. Der zunächst nach unten gerichtete Blick erfährt eine Bewegungsänderung.

Bei der Beurteilung der produktiven Arbeit der Schüler sollte Kriterium sein, ob und wie das Thema der Sequenz und biographische Bezüge Verwendung fanden. (Vollständig ist das Gedicht auf A 28 abgedruckt.)

M 3: Eine andere, eher analytisch orientierte Arbeit wird in M 3 vorgestellt. Als Versuch kann das Arbeitsblatt den Schülern kommentarlos ausgehändigt werden; sie füllen selbständig zunächst die Tabelle aus, auf deren Grundlage sie dann eine schriftliche Interpretation anfertigen.

A 17

M 1: Das Gedicht thematisiert das Gefühl der Gefangenschaft und Hoffnungslosigkeit im Exil. Besonders die Farbqualitäten im Kontrast von schwarz-weiß bzw. hell-dunkel drücken die Stimmung aus. Das lyrische Ich erfährt die Situation stellvertretend für die Verfolgten des jüdischen Volkes durch die Jahrhunderte – die Nennung der drei, jeweils Geschlechter begründenden Urväter, deren Namen mit dem ersten Buchstaben des Alphabets beginnen, macht dies in Strophe drei deutlich. („Ahasver": Ausdruck für den ewigen Juden, der gehetzt umherirrt). Die Frage am Ende der 3. Strophe bezieht Juden aller Zeiten und Länder in das gemeinsame Schicksal ein. Der Verfall des Menschen im Exil-

dasein zum bloßen „Schatten" seiner selbst, dessen einzige Hoffnung die (religiösen) Erzählungen sind, wird am Ende ausgedrückt. Die schon eingangs geschilderte Ausweglosigkeit („Haus ohne Türe und Fenster") verstärkt sich am Ende noch.

Die Schüler erfassen die lebensgeschichtlichen Bezüge des Gedichts sowie dessen religiöse Andeutungen. Sie schlagen ihnen unbekannte Begriffe im Lexikon nach und versuchen, bei der Deutung des Gedichtes die Geschichte des Judentums mit zu berücksichtigen.

A 18

M 1: Kestens Text spiegelt die Probleme des Lebens im Exil, die Schüler haben so noch einmal Gelegenheit, in einem knappen Prosatext etwas über die Sorgen und Bedrängnisse der Emigranten zu erfahren. Ein Vergleich mit Berichten heutiger Emigranten könnte ergiebig sein, die Schüler suchen dazu entsprechende Artikel in der regionalen und überregionalen Presse.

M 2: Lasker-Schülers Anfang der vierziger Jahre in Jerusalem entstandenes Gedicht thematisiert nicht nur den Verlust der Heimat, sondern darüber hinaus auch einen Welt- und Sinnverlust. Die Bildsprache evoziert eine innere Realität, ist ins Kosmische gerichtet („Sternenhände", „Mondfrau", „Himmelstür"), ähnlich wie manche Gedichte Rose Ausländers. In die Klage um die verlorene Welt dringt die Anklage gegenüber den Verursachern („Welt verrohte", „Ratten im Geklirr"). Die Sehnsucht des lyrischen Ich nach Erlösung im Jenseits (Schlußstrophe) mischt sich mit einer Selbstanklage und erinnert in seiner Bildlichkeit an den alttestamentarischen Sündenfall. Die Schüler ordnen die Bilder und Chiffren den beiden Hauptbereichen „Musik" und „Kosmos/Erlösung" zu, eine Entflechtung erbringt die Interpretation. Die Farbe „blau" verbindet sich in den ersten Jahrzehnten des Jahrhunderts mit Sehnsucht/Hoffnung. Neben der Suggestivkraft der verwendeten Metaphern ist das die Strophen zusammenbindende Reimschema ein wichtiges Gestaltungsmerkmal.

M 3: Auch Brechts bekanntes Gedicht reflektiert über die Emigration. Der Name „Emigrant" ist ihm Anlaß, über Ursache und Verschulden der Exiliierung, die Existenzbedrohungen nachzusinnen (Z. 1–13). Der 2. Teil des Gedichts beklagt Angst, Verfolgung und körperliche Gewalt, denen der Emigrant ausgesetzt ist (Z. 15–17). Am Ende verweist das lyrische Subjekt auf die Intention der Emigranten, in ihre Heimatländer zurückzukehren, sobald die herrschenden Zustände dort beendet sind („Schande"). Die Lehre der Geschichte wird ihnen rechtgeben, so der lapidare Schluß des Textes, der neben den häufigen Enjambements, dem Tempuswechsel im zweiten Teil und Partizipialkonstruktionen auch durch den schweren, stellenweise biblischen Duktus bestimmt wird.

Anlaß zur Diskussion gibt die Frage, inwieweit die Lebensperspektiven heutiger Flüchtlinge mit den damaligen zu vergleichen sind.

A 19

M 1: Der Ausschnitt aus Anna Seghers Roman „Transit" führt den Schülern das Leben im französischen Exil vor Augen. Innere und äußere Beschädigungen werden deutlich, sichtbare und unsichtbare Freunde. Karten und Foto können von Schülern ergänzt werden, so daß verschiedene Materialien Flucht und Exildasein veranschaulichen, die auch als größere Ausstellung zu den bisherigen Texten/Materialien gestellt werden können.

A 20

M 1: Polgars leicht karikierende Erzählung macht auf unterhaltsame und eindringliche Weise zugleich deutlich, wie mit deutschen Flüchtlingen (gerade auch von ehemaligen Landsleuten) umgegangen wurde. Besondere Brisanz für das Thema erhält die Geschichte durch die Figur des gedemütigten und erfolglosen Schriftstellers, für den das Exil zwangsläufig Sprach- und damit Berufsverlust bedeutet. Polgars spöttisch-sarkastische Charakterisierung der Amerikanisierung der Hauptfigur Fröhlich eignet sich durch dessen absurde Einwände („So was gibt es nicht in Amerika") zur Fortsetzung durch Schülerbeispiele. Der bittere Schluß sollte dabei von den Schülern deutlich herausgestellt werden.

Kapitel 3: Schreiben nach Auschwitz – „Mutterland Wort"

Die Arbeitsblätter dieses Kapitels sind in zwei Teilsequenzen gegliedert.

A 21–A 23 enthalten poetologische Gedichte und Äußerungen von Rose Ausländer und Hilde Domin. Mit Hilfe dieser Texte kann erarbeitet werden, welche Funktion beide Autorinnen ihrer Lyrik beimessen.

A 24–A 26 ermöglichen es, die Arbeit der beiden Autorinnen in einen größeren Zusammenhang einzubetten, indem sie Informationen (Schaubild, Infotext, Äußerungen von Autoren) über ausgewählte Entwicklungstendenzen in der Lyrik nach 1945 geben und auf die Anfänge der lyrischen Moderne zurückverweisen.

Seit Hofmannsthal in seinem „Chandos-Brief" seine Sprachskepsis (und die vieler anderer) formuliert hat und damit den Wirklichkeitsbezug von Literatur überhaupt in Frage gestellt hat, ist die Reflexion über Sprache fester Bestandteil der lyrischen Moderne geworden. Das lyrische Sprechen hat seitdem seine Selbstverständlichkeit verloren; es fordert nun vom Schreiber ständige Reflexion – über den Zusammenhang seines Textes mit der Wirklichkeit; über die Sprache, derer er sich bedient; die Wirkung, die er erreichen will.

Verschärft wird dieser Druck zur Reflexion des eigenen Tuns nach 1945 durch den Zusammenbruch des Naziregimes – das Vertrauen in die Sprache, das Vertrauen in die Sagbarkeit von Dingen ist nun radikal geschwunden.

In diesem größeren Zusammenhang gewinnen Rose Ausländers und Hilde Domins poetologischen Gedichte erst ihren Stellenwert.

A 21

M 1–M 3: Bei allen drei Texten handelt es sich um poetologische Gedichte. Sie verweisen jeweils am Ende auf das Schaffens- und Lebensmotto Hilde Domins, das „dennoch", in dem die Hoffnung auf die Tragkraft und die kommunikative Verfügbarkeit von Sprache ausgedrückt ist. Im menschlichen Zusammenleben kommt ihr zentrale Bedeutung zu, auch im Konflikt, wie es z.B. in „Unaufhaltsam" deutlich wird. Die Aussagen der Gedichte werden im Klassenverband erarbeitet.

M 4 gibt im Anschluß an die Gedichtinterpretationen Aufschluß über Domins Vorstellungen von der verändernden Kraft des Dichters. Der Text eignet sich gut für eine Pro-Contra-Argumentation „Kann Dichtung die Welt verändern?"; die Schüler bereiten dazu Beispiele ihnen bekannter Werke vor.

A 22

M 1 M 4 können analog zu A 21 von den Schülern nun selbständig in Partnerarbeit untersucht werden. Sie werden aufgefordert, auf den poetologischen Gehalt der Gedichte Rose Ausländers zu achten und in eigenen Worten die Grundgedanken von M 1 zu erläutern. Im Anschluß daran stellen die Schüler schriftlich zusammen, wo die Gemeinsamkeiten und wo die Unterschiede in den Positionen von Rose Ausländer und Hilde Domin liegen.

Beide vertrauen auf die Verbindung stiftende Kraft der Sprache; bei Rose Ausländer wird darüber hinaus deutlich, daß ihr Dichten Reflex ist auf die Erlebnisse der Vergangenheit. Im Lichte dieser Vergangenheit kommt dem Dichter eine spezifische Aufgabe zu; er hilft mit, vergangene Schrecken zu überwinden („kittet die zersprungene Scheibe Zeit") und soll neue Hoffnung (das „besamte Wort") schaffen.

Kommentar

A 23

M 1: Als Abschluß dieser Teilsequenz ist der methodischen Abwechslung halber eine kreative Aufgabe vorgesehen. (Die Aufgabe basiert auf einer Idee von Thomas Kopfermann, Studienseminar, Tübingen.) Zum Auftakt der kreativen Aufgabe kann der Text vorbereitet (!) von zwei Schülern Vers für Vers abwechselnd vorgelesen werden. Die Schüler erfahren u.U. schon den unterschiedlichen Sprachduktus der beiden Autorinnen beim Hören. In der Auswertungsphase kann ausführlich auf typische Bild- und Wortmaterialien beider Autorinnen eingegangen werden, z.B. Wiederholungen und „dennoch" bei Domin; „Sternenwald" und „Licht" bei Ausländer.

A 24

M 1: Das Material begleitet und veranschaulicht knapp einen Lehrervortrag, in dem die beiden wichtigsten Entwicklungsstränge, die sich in der lyrischen Moderne unterscheiden lassen, charakterisiert werden. Detaillierte Informationen stellt jede Literaturgeschichte bereit.

A 25

M 1–M 2: Anhand der beiden Texte stellen die Schüler die Merkmale hermetischer und politischer Lyrik zusammen. Da die Texte nicht schwierig sind, läßt sich die Aufgabe leicht in Still- oder Partnerarbeit durchführen. Die mündliche Ergebnissicherung gibt Gelegenheit, die klare Darstellung eines Sachverhaltes zu üben.

A 26

M 1–M 6 können zur Vertiefung und Veranschaulichung von A 24 und A 25 benutzt werden.
Sie bieten drei sehr prägnante Aussagen bekannter Lyriker über die Funktion von Lyrik. Benn und Celan repräsentieren die Traditionslinie der autonomen Kunst. Benn beschwört in seiner Äußerung das „absolute Gedicht... an niemanden gerichtet", das aber, sofern die Worte nur richtig gesetzt sind, Sinn und damit Wahrheit vermitteln kann („erkanntes Leben, jäher Sinn"). Celan poetisches Credo setzt – aufgrund des speziellen Erfahrungshintergrund – wieder andere Akzente als Benn. Sprache dient ihm der Selbstvergewisserung („um mir Wirklichkeit zu entwerfen"), immer in der Hoffnung, dieses Sprechen möge ein Du, eine „ansprechbare" Wirklichkeit" erreichen. Celans Lyrik bleibt an die wirkliche Existenz und das historische Geschehen gebunden. Die artifizielle Sprache seiner Gedichte reflektiert weniger eine l'art pour l'art-Haltung, sondern ist

letztlich nur Konsequenz aus den eigenen Erfahrungen in der Zeit des Faschismus. Der Künstler muß, will er sich zu Wort melden, nach neuen, nicht vorbelasteten Ausdrucksformen suchen – aber immer in der Gefahr zu verstummen, wenn es nicht gelingt, neue Worte, die tragen, zu finden.

Ganz anders dagegen die Position Frieds, des Prototyps eines engagierten Literaten. Aus dem „Zusammenprall mit der Welt" entstehen Gedichte, die auch „anderen nützen" können. Fried fordert den wachen Künstler, der zur Welt, zur Realität Stellung bezieht und auch andere überzeugt. Platz für irgendwelche Reflexionen über Sprache, gar Zweifel an der Sprache, bleibt da nicht.

In arbeitsteiliger Gruppenarbeit können die verschiedenen Positionen erarbeitet und vorgestellt werden. Die Schüler erläutern zunächst eine bestimmte Position und lesen dann das passende Gedicht vor. Die Klasse vergleicht die Ergebnisse und versucht die jeweilige Nähe/Ferne zu Ausländer und Domin zu erkennen.

Kapitel 4: „Fürchte dich nicht" – Liebe und Hoffnung

Zusammen mit der Auseinandersetzung um Vertreibung, Flucht und Exil stellt das Liebesthema eine Grundkonstante im Werk der Autorinnen dar.

Es durchzieht das gesamte Werk beider Autorinnen, vor allem bei Rose Ausländer verweist die knappe Forschungsliteratur immer wieder auf eine geradezu „erotische Grundeinstellung" (Margul-Sperber), von der ihr Werk in fast allen seinen Aspekten durchdrungen ist. Die Liebe bestimmt ihre Einstellung zu Mensch und Natur. Oft liegt ihren Gedichten ein sublimes Liebeserlebnis zu Grunde. In der Liebe sind auch die Wurzeln der Traumgedichte zu suchen, ebenso wie wir auch in den letzten Gedichten Rose Ausländers noch Lebenshunger, Zärtlichkeit und Sehnsucht finden. Ihr Werk ist ein Schreiben für die Liebe und gegen das Sterben, ist Widerstand gegen die Selbstaufgabe. Der feste Glauben an die Liebe im Menschen und für den Menschen erhält die traurige Stimme Rose Ausländers am Leben. So ersetzt den Umgang mit den toten Freunden und Geliebten am Ende ein Umgang mit den Zeichen am Himmel.

Die Themen Hilde Domins sind ähnlich. Ihre Gedichte zeugen von Moralität, der Humanität der Liebe zum Menschen. Auch bei Hilde Domin ist der Liebesbegriff weit zu verstehen, umfaßt er Hoffnung und Liebe zum Menschen allgemein.

A 27

Das Arbeitsblatt bietet drei Gedichte von Rose Ausländer, an denen sich typische Ausprägungen ihrer Liebeslyrik erarbeiten lassen.

M 1: Das Gedicht umfaßt nahezu alle wichtigen Bildkomplexe ihrer Poesie: Wasser, Blume, Brunnen, Sterne, Stimme. Der dominierende Bildbereich des Wassers evoziert Dynamik und Reinheit, die Begegnung des lyrischen „Wir" findet quasi im Wasser statt. Die Verben der umfangreichsten 3. Strophe unterstreichen dies. Gleichzeitig durchzieht ein zweiter, poetologischer Grundton das Gedicht: die Liebenden finden sich durch ihre „Stimmen", sie suchen sich gegenseitig in der Stimme, am Ende sind sie vereint, das Wort ist nicht mehr nötig, sie dürfen verstummen wie die Fische, wobei diesem Bild auch etwas Feindlich-Bedrohliches anhaftet. Die Sprache ist so Voraussetzung, Bedingung und Zielpunkt der Liebe. Anklänge an die erlebten Schrecken finden sich in „begrabenem Brunnen". Die Alliteration unterstreicht die Divergenz von Hoffnungsvollem und Trauer. Als weiterer Kontrapunkt fungiert hier der knappe Hinweis auf das die menschliche Liebe transzendierende „sternmächtig".

Methodisch gesehen kann von der ersten und letzten Strophe ausgegangen werden, die Schüler erfassen so Anfang und Ziel der Liebesentwicklung des kollektiven Subjekts. Die Untersuchung des Bildbereiche „Wasser" gibt Aufschluß über Verständnis und Darstellung der Liebe im Gedicht Ausländers. Eine Sammlung davon abweichender Bilder und Wörter können die Schüler anlegen und versuchen, sie aufgrund ihrer schon erworbenen Kenntnisse über Leben und Werk der Autorin zu deuten.

M 2: Das zweite Gedicht führt das Thema Entfremdung (Titel) aufgrund der gemachten schmerzvollen Erfahrungen ein. Aufgrund des Geschehenen erkennen sich die Liebenden nicht mehr, der Vereinigungswunsch muß scheitern, die innere Fremdheit ist zu groß. Vokabeln, die Entfremdung signalisieren, finden sich im gesamten Gedicht („hinter der Heimat", „gebrochenem Flügel", „Fremde", „Findling", „Staub", „Dickicht"). Konsequent dazu entwickelt sich das lyrische Wir zu einem Ich in der letzten Strophe. Auch das poetologische Thema findet sich andeutungsweise in der Mitte des Gedichts, damit wird die zentrale Bedeutung des Komplexes betont. Das Verstummen („Staub auf den Lippen") trägt wesentlich zur Entfremdung bei. Die lyrisch dichte Schlußstrophe mit dem eindringlichen Sprachspiel von Sehen/Erkennen bedarf der ausführlichen Deutung.

M 3: Auch das dritte Liebesgedicht bezieht deutlich das Thema Verfolgung und Holocaust mit ein. Trauer und die Liebe zu einem toten Freund werden in

Enjambements unauflösbar verschränkt. Die Analyse wird die beiden zentralen Bereiche „Feuer/Asche" einerseits und „Nagelmond/Herz/Blut" andererseits antipodisch gegenüberstellen. Wiederum eröffnen die Kenntnisse über die Autorin den Schülern Zugang zu der komplexen Aussage des Gedichts.

M 1–M 3 können auch in arbeitsgleicher Gruppenarbeit untersucht werden, wobei die Verbindung des Liebesthemas mit dem anderen thematischen Hauptstrang im Werk Ausländers (Holocaust-Erfahrung) ins Zentrum der Analyse gestellt werden muß. Ein Vortrag kann die Gruppenarbeit in der gemeinsamen Auswertungsphase beenden.

M 4: Die Produktionsaufgabe eignet sich auch gut als nachbereitende Hausaufgabe. Die einzelnen Schülervorschläge sollten ausführlich gemeinsam diskutiert werden.

M 5–M 7: Mit diesen drei Materialien wird der Komplex „Liebesthematik" bei Rose Ausländer abgeschlossen und übergeleitet zu Hilde Domin. Der Liebesbegriff ist in beiden Gedichten weit gespannt, beiden liegt ein humaner Gedanke zugrunde. Die Entsprechungen reichen von den kosmischen Anklängen („Sternenfeld", „Tag- und Nachtgleiche"), über die Sprachreflexion („Worte vom/Horizont", „sagen die Worte"), die Aufhebung der Einsamkeit des Individuums („Taumel/einer/Silberzeit", „Fürchte dich nicht"), die Hoffnung auf eine Erlösung von Angst und Alleinsein (Schlußstrophe), der Ausgang aus dem Dunkel hin zum Offenen, Licht. Der Text Rose Ausländers ist hermetischer und vieldeutiger, der Domins offenbart am Ende fast religiöse Züge. Die Schüler können im Gespräch nach Gemeinsamkeiten suchen und danach eine Art Gesamtdeutung wagen, die die universelle Menschenliebe und die grundlegende Hoffnung beider Gedichte erfaßt. Die Widmung bei Domins Gedicht könnte mit entsprechenden Informationen (die Schriftstellerin V. Woolf beging Selbstmord in tiefer seelischer Verlassenheit) die Deutung erleichtern. In Klees Gemälde entdeckt der Betrachter ein gequältes, fast verzweifeltes Schreien; der Schrei nach Liebe und Menschlichkeit beherrscht das Gemälde.

Als weitreichende Produktionsaufgabe bzw. Projekt könnte die Klasse Bilder, Fotos, Kunstpostkarten etc. zusammenstellen und sie passend zu Texten mit sprechenden Überschriften in einer kleinen Kunst-Lyrik-Ausstellung präsentieren.

A 28

M 1–M 4 können von den Schülern eigenständig untersucht werden. Die spezifische Entfaltung sollte dabei genauer ausgeleuchtet werden. Als Motto und Einstieg in die Arbeit eignet sich M 3: Eigenständigkeit und Zweckfreiheit der Liebe (und der Poesie) sollte als These kurz erörtert werden, die besondere Bedeutung kann auch im Kontrast zum Postulat der Zweckgebundenheit politischer/agitatorischer Dichtung herausgestellt werden.

Ausgangspunkt der „Trilogie" dieser Seite bildet M 1, in dem das lyrische Ich sich bedingungslos aufgibt, sich in der Liebe ohne Einschränkung verliert. Lediglich die 2. Strophe deutet noch einen „Abstand" „Zwischen dir und mir" an, das einleitende „nur" indiziert die geringe Distanz. Die große Liebe wird in der ersten Strophe mittels der für Domin typischen Schiffsmetaphorik evoziert.

In **M 2** wird über ein Pendant der Liebe, die Eifersucht, gesprochen. Der Bildkomplex der „Biene" verdeutlicht Gefahr und Unangenehmes, auch Hilflosigkeit des „Opfers". Die Alleinstellung von „steil" und „gärend" unterstützen diesen Eindruck. Interessant in diesem Zusammenhang die Rolle der Metropole New York, die ja auch Rose Ausländer in vielen Gedichten besingt. Der zentrale Ausdruck des Textes, das dreimal wiederholte „Rücken", verweist auf die dem lyrischen Ich gegenüber abgewandte Haltung des Geliebten ebenso wie auf die Rückseite des menschlichen Körpers allgemein, seine Gesichtslosigkeit, die wiederum korrespondiert mit der individuellen Einsamkeit in der Großstadt New York. Methodisch hilfreich könnte die Klärung der Frage sein, wie die persönliche Einsamkeit des Subjekts mit der allgemeinen der Großstadt poetisch verknüpft wird.

In **M 4** wird das Liebesthema umfassender gesehen, als *Conditio humana*, die Liebe des Menschen zum Menschen, eingebettet in die Liebe der Natur bzw. zur Natur/Schöpfung. Das Bild des Vogels schwingt in überzeugender Leichtigkeit (Rhythmus, helle Vokale) im Gedicht und erzeugt eine beeindruckende, dem Thema adäquate Harmonie.

Trotz nachdenklicher Töne wird den Schülern deutlich werden, daß Hilde Domin sich dem Thema „Liebe" letztlich unbefangener stellen kann, während bei Rose Ausländer fast immer die Erfahrungen der dunklen Vergangenheit und die existentielle Angst mitschwingen.

M 5: Die kreative Aufgabe dient wiederum der Aneignung der Texte durch die Schüler auf nicht – analytischem Weg. Auch eine gewisse Ergebnissicherung der bisherigen Textanalysen ist dadurch gewährleistet. Die Schüler versuchen die Wahl ihrer eingesetzten Wörter entweder aus dem Kontext oder Analogien heraus zu begründen.

A 29

Dieses Arbeitsblatt gibt die Möglichkeit, die Liebeslyrik Hilde Domins und Rose Ausländers in einen größeren Kontext zu stellen. Es dient der Erweiterung und Vertiefung der Kenntnisse der Schüler über moderne Lyrik und ihre Vertreter. Sie lernen moderne Gestaltungsmittel kennen und begreifen, daß der Verzicht auf traditionelle Formen an der Oberfläche der Texte einhergeht mit einer subtilen Formensprache in der Tiefenstruktur der Texte.

M 1: Celans bedeutendes Gedicht ist erneut ein Beispiel für hermetische, chiffrierte Lyrik. Je nach Kenntnisstand der Klasse sind Interpretationshilfen des Lehrers nötig (vgl. ausführliche Interpretation in A. Petruschke: Lektürehilfe ‚Lyrik nach 45'). Die Textanalye könnte in gemeinsamen Gespräch in einem die Assoziationsfähigkeit der Schüler ausnützenden ‚Schneeballsystem' zunächst die verschiedenen Sinnesbereiche der Strophen klären (akustische, visuelle, kosmische, taktile, wiederum akustische Zeichen). Ein anderer Zugang bietet die Ausgangsfrage, warum diese Gedicht zum Thema „Liebesgedichte" gestellt wurde („Augentausch", „Ewigkeitszeichen", „Rot zweier Münder", „zum Ziel nahm"). Vagheit und Andeutungscharakter dieser Hinweise zeigen ein Weiteres: die Liebe wird wohl von einem lyrischen Subjekt gesucht, ihre Realisierung, die Überwindung der Einsamkeit des modernen Ichs überhaupt, wird jedoch als etwas fast Unmögliches dargestellt – eine von Celans poetischen Hauptaussagen. Entsprechend fehlt alles „Menschliche" im Gedicht, Verbindung von Mensch zu Mensch wird allenfalls durch anorganischen Stein andeutungsweise hergestellt, die Sinneskräfte des Menschen sind massiv gestört. Besonders die Verwendung der Satzzeichen kann den Schülern bei ihrer Deutung hilfreich sein. Celans Lebensweg, seine übergroße Skepsis, ja Verzweiflung am Menschen kann zum Verständnis vom Fachlehrer erläutert werden.

M 2: Die Forschung ist sich nicht einig, ob das Gedicht als Liebes- und/oder Traumgedicht zu verstehen ist, ein möglicher Umschlag vom ersteren zum letzteren wird nach der dritten Strophe gesehen. Im außergewöhnlichen Bild des „Teppichs" als Ausdruck der Liebesbeziehung verbindet sich Irreales, Märchenhaftes und Ornamentales. Der Ausdruck im Gedicht ist geprägt von Leichtigkeit, von Exzentrisch-Orientalischem. Auffällig sind die hellen Klangfarben der Vokale –i– und –ei– in der ersten, das dunklere –a– in der folgenden und das Schwere –o– in der dritten Strophe. Die visuellen Eindrücke springen dabei von Bild zu Bild, aber auch die taktilen Eindrücke erscheinen als wichtiges Element. Die Schüler werden, auch wenn sie wenig fachspezifische Ausdrücke dazu verwenden können, die artistische Qualität, den schwebenden Übergang von Vers zu Vers als Ausdruck des Traumhaften erkennen. Das Verwobensein (vgl. Teppich-Motiv) von lyrischen Ich und Du wird besonders in der 6. Zeile mit seiner langen Wortschöpfung deutlich.

M 3: Auch in S. Kirschs Gedicht erfahren die Schüler die Wirkungs- und Aussageweisen moderner Lyrik. Auch hier ist es ihre Aufgabe, die spezifische poetische Struktur des Textes zu erkennen und seine Leistung für Aussage, Wirkung und Intention zu prüfen. Um das dominierende Gestaltungsmerkmal des Textes – das Enjambement – in seiner Wirkung von Doppelbödigkeit und Mehrdeutigkeit herauszufinden, empfiehlt sich ein Leseauftrag als Einstieg. Die Schüler überlegen zunächst still, wie der Text zu lesen ist, ihr Vortrag wird die semantischen Varianten dann verdeutlichen. Die unterschwellige Trauer um das Vergehen der Liebe wird in den verwendeten Naturbildern des Winters deutlich, die Schönheit wie Vergänglichkeit evozieren.

Kapitel 5: „Der Weg auf der Landkarte" – Heimat und Fremde

Biographische Erfahrungen wie Verlust der Heimat, Exil und Rückkehr haben bei beiden Dichterinnen zahlreiche Spuren in ihrem lyrischen Schaffen hinterlassen. Die Arbeitsblätter A 30–A 34 versammeln verschiedene Gedichte zu diesen Themenbereichen, der Schwerpunkt liegt auf dem Thema Rückkehr.

A 30
M 1: Die Schüler sollen als Einstieg in diese Unterrichtssequenz selbständig das Gedicht „Auf Wolkenbürgschaft" von Hilde Domin interpretieren. Das in die Utopie verweisende Bloch-Zitat (M 1) und der Arbeitsauftrag dürften als Hilfestellung genügen. Die Interpretation sollte etwa folgende Ergebnisse ergeben: Der formalen Zweiteilung entspricht auch eine inhaltliche: in der ersten Strophe äußert sich die Sehnsucht nach einer imaginären, allumfassenden Heimat, eben weil das lyrische Ich Heimatlosigkeit erlebt hat. Die zweite Strophe nimmt das Thema der Fremde auf und wendet es in der Schlußsequenz ins Hoffnungsvolle, fast Illusionäre. Im Vogelbild evozieren diese Verse ein Wolkenkuckucksheim (vgl. Titel/Schlußzeile) einer dem Menschen gerechteren und glückvolleren Heimat in den Lüften. Formal fallen ein überzeitliches Präsens auf, Alliterationen (Z. 3, 17, 21) und die dominierende Meeresmetaphorik. Die fast lebenslange Flucht Hilde

Domins mit den Stationen in Übersee sollten die Schüler mit der Aussage des Gedichtes in Verbindung bringen, ebenso wie die Vorstellung, daß Exil in den Augen Domins eine *Conditio humana* des modernen Menschen schlechthin darstellt und daß Heimkehr nicht notwendigerweise eine national-geographische ist. Darin liegt die Übereinstimmung mit M 1. Blochs These: die Suche nach der Heimat des Menschen ist eine von der tatsächlichen unabhängige Suche nach der besseren, noch zu erschaffenden Welt, die niemand kennt.

M 3: Hilde Domin hat verschiedene Gedichte zum Thema Rückkehr verfaßt; sie beschreiben die Rückkehr nach Deutschland, die Remigration stets als ambivalent und doppelbödig; Fremdsein und Vertrauen, Sprachverlust und Sprachzuversicht sind gleich gegenwärtig. In „Rückkehr der Schiffe" sieht sich das lyrische Ich selbst als dritte Person, die Entfremdung des Individuums als Ausdruck eines Identitätsverlustes wird dabei deutlich. Die Möglichkeit einer zweiten Existenz, eines Wiederanknüpfens an ein früheres Leben wird in Strophe drei beschrieben, das das zweimalige „wiederkommen" (Schreibweise!) belegt. Das für Domins gesamtes Werk zentrale Motiv des „Schiffs" ist auch hier ambivalent angelegt als Flucht- und Heimkehrmittel zugleich. Die letzte Strophe verdeutlicht das Lebensmotto des „Dennoch", der Hoffnung der Autorin („Weite", „Licht"), gleichzeitig bleiben Schmerz und unbewältigtes Leid („Wunde/ohne Ränder"). Im nahezu surrealen Abschlußbild ist die Wendung ins Innere vollzogen, das „Schiff" des Ich und ins Ich zugleich wird besungen.
Die Schüler erarbeiten zunächst das Zentralmotiv und untersuchen alle damit verknüpften Konnotate. Der Text eignet sich gut als Hausaufgabe oder schriftliche Übung für eine Klausur.

A 31
Die Materialien von A 31 (ebenso die von A 30) können durch eine produktive Vorarbeit anschaulich gemacht werden: eine große kopierte Weltkarte wird an die Wand gepinnt, die Fluchtwege und Aufenthaltsorte der Autorinnen werden farbig markiert. Das Arbeitsblatt ermöglicht einen weiteren Vergleich thematisch verwandter Texte von Domin und Ausländer. Die Schüler können u.U. schon selbständig typische Bild- und Wortmaterialien etc. herausfinden.

M 1: „Daheim" von Rose Ausländer artikuliert die zwiespältigen Gefühle des in das Land der „Mörder" zurückkehrenden Ichs. Dieses Daheim, Deutschland, ist gleichzeitig Heimat und Fremde, als Begriff sogar zusammengeschweißt (Z. 7). Die Antinomie dieser Begriffe durchzieht das ganze Gedicht (Z. 1–2; 9), positi-

Kommentar

ve und negative Wertungen bleiben stets ineinander verschränkt (Z. 4) entsprechend der zerrissenen Haltung des Subjekts. Besonders auffällig sind die beiden Komposita „Muttersprache" und „Heimatfremde", Paradoxes wird in diesem Oxymoron deutlich. Strophe 2 erklärt die Fremdheitsgefühle aus der Exilerfahrung heraus; so sind politischer und persönlicher Bezug gegeben. Dennoch endet das Gedicht nicht ganz ohne Hoffnung. Deutschland mag fremd erscheinen, die Menschen auch, aber die Bereitschaft des lyrischen Ichs, Distanz zu überwinden und Nähe zu schaffen ist vorhanden: „wo ich viele fremde Freunde liebe" (Z. 8–10).

M 2 betont die komplizierten ethnischen und nationalen Verwerfung in Europa in Folge der Naziherrschaft und die Auswirkungen auf das lyrische Ich in den beiden ersten Strophen. Das Individuum selbst droht sich in den politischen und ideologischen Wirren zu verlieren. Die dritte Strophe, nun im Präsens, stellt den utopischen Gedanken eines geeinten Europas gegenüber, in dem Nationalstaaten und Ethnien keine Erwähnung mehr finden, eine (Wieder-) Geburt des Individuums möglich wird („Schoß", „Geburt"). Der offene Schluß spiegelt die grundsätzliche Hoffnung („träumerisch") wieder.

M 3: Fremdsein und Heimatlosigkeit schildert auch Domins Text. Dabei klingt in der ersten Zeile das biblische Motiv der Geburt Christi mit an. Der knappe Sprachduktus der ersten Strophe entspricht den kargen Beziehungen des lyrischen Ichs, die Fremdheit führt sogar zum Ich-Verlust (Z. 3–4). Eine weitere Folge spricht Strophe 2 an, in der die zeitlichen Dimensionen von Vergangenheit, Gegenwart und Zukunft verschoben scheinen, das Kausalitätsprinzip aufgehoben ist und selbst elementare menschliche Beziehungen keine Gültigkeit mehr haben. Wie in den beiden Gedichten von Rose Ausländer wird jedoch in der letzten Strophe eine leise Hoffnung formuliert: die Liebe scheint trotz der zuvor dargelegten Verhältnisse möglich.

A 32

M 1–M 2: Anhand des Arbeitsblatts können die Schüler erste Erfahrungen in Quellenarbeit und philologischem „Puzzleraten" machen. Rose Ausländer fertigte vor der Veröffentlichung ihrer Gedichte meist mehrere eigenständige Fassungen (Schreibmaschinendurchschläge) an, die sie bearbeitete und veränderte. Bei M 1 handelt es sich um die zweite Fassung von mindestens zehn. In Partnerarbeit können die Schüler die verschiedenen Streichungen, Neuansätze und Variationen darlegen und sich im Anschluß im gemeinsamen Gespräch über die Konsequenzen für die Deutungen des veröf-

fentlichten Gedichts „Ostern II" im klaren werden. Einige der Ergebnisse könnten sein: prinzipielle Verknappung des Textes, Verdichtung; Präzisierung der Lage des Ichs, das sich mittels Karte in die Heimat zurückversetzt; Verschärfung der Komposita („Kiemenwald", „Fischantennen"); Herausnahme ganzer Bildkomplexe („Stadt der Türme" = New York), die die Konzentration auf die alte Heimat geschwächt hätten: Beibehaltung der Anklänge an die jüdisch religiösen Traditionen („Plagen und Wunder", „Zicklein"); Herausnahme der Farbe grün (= Hoffnung?) etc.

A 33

M 1a–M 1b: Mit der Produktionsaufgabe kann überprüft werden, wieviel die Schüler über den Themenkomplex „Heimat-Fremde" bei Rose Ausländer und ihre lyrische Sprache wissen. Das Verfahren lässt vor allem der Phantasie weiten Raum, auch intuitives Erkennen und Sprachgefühl kommen neben analytischen Fähigkeiten zum Tragen.

A 34

Das letzte Arbeitsblatt bietet eine Ausweitung des Themas auf andere Autoren und Stilrichtungen.

M 1: Eichendorffs traditionell-romantisches Gedicht eignet sich gut als Kontrast-Text zu den bisher behandelten Gedichten der beiden Autorinnen. Das lyrische Ich der regelmäßig gebundenen vier Strophen betrachtet aus der Fremde die Heimat zwar wehmütig (Z. 7–8), aber stets aus positiver Erinnerung heraus. Die Verknüpfung mit dem Liebesmotiv (Z. 2, 12) unterstützt die positive Grundstimmung, ebenso der beschwingte, nicht regelmäßige Rhythmus und der wohlklingende Kreuzreim. Das lyrische Subjekt beklagt nicht den Verlust der Heimat; die Erfahrung der Ferne und die Rückerinnerung an die Heimat bedingen sich wechselseitig. Das positive Erleben der Fremde gründet in der sicheren Gewißheit von Heimat. Die Schüler können als entscheidenden Gegensatz, neben der tradierten Formgebung, die veränderten Beziehungen zwischen Ich und Natur, die fehlende Grundharmonie in der Moderne erkennen. Das Motiv des „Fremden" erscheint hier als die typisch romantische Figur des Wanderers, dessen Suche nach einem oft unerreichbaren Ziel ihn jedoch mit dem „Fremdsein" in den Texten der modernen Autoren verbindet. Ebenfalls kann in Eichendorffs Gedicht die Natur als Bild einer inneren Verfassung des lyrischen Subjekts gesehen werden. Die Schüler interpretieren das Gedicht zunächst und wählen, eventuell gruppenweise, entweder M 2 oder M 3 zur genaueren Analyse aus. Sie versuchen ihre Wahl zu begründen – ein genaues Lesen der Texte ist also Voraussetzung.

Das kurze Gedicht Nelly Sachs (M 4) kann als Abschluß dieser Sequenz dienen. Der durch die Nazis verfolgten Autorin, die nahezu alle Angehörigen in Auschwitz verlor und selbst nur knapp dem Tod entging, ist wie Ausländer und Domin der Begriff „Heimat" fragwürdig geworden. Einem Recht auf Heimat gar vertraut sie nicht (Z. 1). Die folgenden sehr knappen und eindringlichen drei Verse verbinden das Thema des Menschen an sich („zur Liebe geöffneten Arme") mit den politischen Verhältnissen („Geographie nächtlicher Länder"). Die humane Grundhaltung der Autorin wird deutlich wie auch ihr Wissen um die Bedrohung des Menschen allenthalben auf der Welt, wie der Plural von „Breitengraden" zeigt. Die Schlußzeile verweist auf das zwar hoffnungsvolle („Erwartung"), aber auch zutiefst erschrockene („bodenlos") lyrische Ich, wobei „bodenlos" mehrdeutig auf die Heimatlosigkeit wie auf die Ungeheuerlichkeit des Geschehenen verweist. Anklänge an das Christentum („gekreuzigt") sind bei der Jüdin Nelly Sachs besonders bedeutsam. Den Gedankenstrich am Ende interpretieren die Schüler als offenes Ende, in bezug auf noch Ausstehendes. Als methodische Ergänzung können einzelne Schüler über Leben (und Werk) der Autorinnen Sachs und Lasker-Schüler referieren.

Kapitel 6: „Wirf deine Angst in die Luft" – Alter und Tod

A 35

Das Thema wird so selten von Autorinnen aufgegriffen, daß der Verdacht naheliegt, es handle sich um ein Tabu. Das literarische Tabu spiegelt sicherlich das gesellschaftliche mit. Insofern sind die Gedichte Rose Ausländers außergewöhnlich, die in ihrer letzten Schaffensperiode das Thema vielfach aufgreift. Der Prozeß des Alterns und des Sterbens gehört für sie zu einem natürlichen Kreislauf. Ihre lyrische Auseinandersetzung damit ist Teil ihrer Offenheit gegenüber allen sie konfrontierenden Phänomen und Ausdruck des unbedingt Wahrhaften in ihrer Poesie.

M 1–M 3 können gemeinsam von der Klasse untersucht werden; dabei steht im Zentrum der Überlegungen, welche gedanklichen Verbindungen sich erkennen lassen und ob eine Entwicklung des Themas zu erkennen ist.

M 1: Rose Ausländers Altersgedichte sind auf wenige Verse und in knappe Bilder gedrängt, einzelne Begriffe werden zu Chiffren verdichtet. Das vierstrophige Gedicht ist einziger Ausdruck der Hoffnung und Zuver-

sicht auf den noch verbleibenden Lebensrest. Die Imperative der ersten und letzten Strophe sind direkte Ansprachen an den Leser, die letzten beiden zugleich logische Folge und ein Resümee der ersten: die Ängste des Menschen vor dem Tod werden in die „Luft" transzendiert, aufgehoben, die Aufforderung, die eigene Existenz und Identität zu leben und weiterzugeben, sind die Folge. Der Appell an die Humanität in der Schlußzeile wirkt schon wie ein Vermächtnis der Autorin. Strophe 2 reflektiert den nahenden Tod, eindringlich durch die zweimalige Alleinstellung von „bald". Das Bild in Zeile 6/7 evoziert in der Umkehrung der natürlichen Anordnung von „Himmel" und „Gras" sowie durch das Verb „wächst" eine neue Dynamik, eine andere Realität nach dem Tode. In Zeile 8/9 schwingt Bedrohliches mit – „nirgends" – die Auflösung menschlicher Existenz. Strophe 3 führt die Bilder aus dem Naturkontext weiter, die Verben „duftet" und „singt" deuten die Liebe zum Leben an, die das gesamte Werk der Autorin kennzeichnen. Dieser Gedanke steigert sich zu einem umfassenden und abstrakten Liebescredo, das poetologische Thema eingeschlossen in „Worte verschenken".

Eine methodische Variante wäre, den Schülern zunächst nur die erste und letzte Strophe vorzulesen. Vermutungen (auch schriftliche Notizen) über den fehlenden Mittelteil des Gedichts führen zu einer ersten Fixierung des Themas. Der thematische Zusammenhang von Liebe, Alter und Tod ist dabei besonders interessant.

M 2: Das Gedicht „Alter" ist im scharfen Kontrast zu M 1 geprägt von Trauer, wehmütiger Stimmung und Verlassenheitsgefühlen. Die Klasse kann im Vergleich zu M 1 diese andersartige Grundstimmung unmittelbar durchs Lesen erfahren und so artikulieren. Sie sucht in Partnerarbeit/Gruppenarbeit wiederum die verwendeten Naturbilder, diesmal im Kontext mit negativen Vokabeln („harten", „vergeblich", „grau", „dunkle", „weint", „toten Freund" etc.). Einer besonderen Leistung entspräche es, wenn die Schüler in der 4. Strophe Anklänge an das Thema „Judentum – Holocaust" erkennen, in der 5. Strophe das poetologische Thema sehen können.

M 3: Als weitere Steigerung in der Auseinandersetzung mit dem Thema kann M 3 verstanden werden. Vom zuversichtlichen Umgang mit dem Alter über den Schmerz und die Einsamkeit den alten Menschen hin zum Todeswunsch mit der Sehnsucht, in den natürlichen Kreislauf von Entstehen und Verfall wieder aufgenommen zu werden, reicht die inhaltliche Bandbreite der drei Gedichte. Die Bildlichkeit aus dem Bereich „Wasser" und „fließen" unterstreicht die Prozeßhaftigkeit und den Kreislauf von Geburt und Tod. Nach dem offenen, ungerichteten Imperativ der 1. Strophe

Kommentar

(evtl. an einen nicht näher spezifizierten Schöpfer gerichtet), steigern sich die Bewegungsverben im futurischen Präsens deutlich, der angedeutete Raum weitet sich vom einfachen „Wasser" über den „Strom" hin zum „Meer". Die Alliterationen innerhalb der Strophen unterstreichen dies. Dem nicht direkt genannten lyrischen Subjekt bleibt keine Angst, der Eindruck von Freiheit beherrscht vielmehr das Gedicht.

M 4: Der kleine Text informiert über das Verhältnis der Autorin zum Thema; darüber hinaus ist er gut geeignet, eine Diskussion über die aufgestellte These zu initiieren. Wichtig wäre dabei der Rückbezug zu den Gedichten.

A 36

M 1: Das themengleiche Gedicht Hilde Domins ist ebenfalls von einem grundständigen Optimismus geprägt, nach dem „Älter werden", gar der Tod, nicht Verzweiflung und ein Ende bedeuten müssen. Als Antwort auf die als Motto dem Gedicht vorangestellte These Christa Wolfs gedacht, bedeutet das Altern nicht ein Nachlassen von Sehnsüchten des Menschen nach Gerechtigkeit, Frieden und Wärme im umfassenden Sinne („Sonne"). Einschränkend behaupten die jeweils letzten Zeilen von Strophe 1 und 2 aber den Verlust an Hoffnung. Im zweiten Teil des Gedichts verlagert sich der Akzent stärker auf die Fähigkeit des Menschen zur Liebe, die es zu nutzen gilt, die fast alle Hindernisse bewältigen kann (Z. 18/19). Die Liebe wie der Mensch überhaupt bedürfen jedoch der Nachsicht, der „Schonung". Sprachlich bestechen im Text die Klangfarben und Alliterationen, Alleinstellungen akzentuieren (zweimaliges „nicht").

Der produktive Arbeitsauftrag am Ende zwingt die Schülerinnen und Schüler, sich noch einmal mit den Positionen beider Autorinnen auseinanderzusetzen.

M 2 kann dazu dienen, einen bislang nicht thematisierten Aspekt in den Unterricht einzubringen: Gibt es spezifisch weibliches Schreiben?
Die Thesen Domins werden von der Klasse herausgearbeitet und diskutiert. Dabei sollte besonders auf die angesprochene „Ghettoisierung" von Frauenlyrik eingegangen werden. Die Schülerinnen und Schüler berichten dazu von ihren eigenen Kenntnissen und Erfahrungen mit Lyrik/Literatur von Frauen, bzw. untersuchen den örtlichen Buchhandel, Bibliothek etc.

Der Abdruck der Gedichte und Texte von Rose Ausländer, Hilde Domin und Paul Celan (Psalm, Nacht, Wohin mir das Wort,…) erfolgt mit freundlicher Genehmigung der S. Fischer Verlag GmbH, Frankfurt am Main.

Die Gedichte von Rose Ausländer wurden entnommen aus: Rose Ausländer, Gesammelte Werke, 8 Bände, herausgegeben von Helmut Braun. © S. Fischer Verlag, Frankfurt am Main 1984–1990.

Die Gedichte von Hilde Domin wurden entnommen aus: Hilde Domin, Gesammelte Gedichte. © S. Fischer Verlag, Frankfurt am Main 1991.

Kapitel 1

A 1
M 1: Rose Ausländer, Vergiß. Aus: Gesammelte Werke Bd. 6, S. 204.
Bildvorlage: Rose Ausländer-Dokumentationszentrum, Bahnhofstraße 9, 53518 Adenau
Foto: Rose Ausländer 1975: Rose-Ausländer-Dokumentationszentrum, a.a.O.
M 2: Rose Ausländer, Wir kamen heim. Aus: Gesammelte Werke, Bd. 3, S. 218.
Foto: Rose Ausländer 1931: Rose Ausländer Dokumentationszentrum, a.a.O.

A 2
M 1: Rose Ausländer, Biographie. Nach: H. Braun (Hg), Rose Ausländer. Materialien zu Leben und Werk. © Fischer Taschenbuch Verlag, Frankfurt 1991, S. 253.

A 3
M 1: Rose Ausländer, Erinnerungen an eine Stadt. Aus: H. Braun (Hg), Rose Ausländer. Materialien a.a.O., S. 7.
Landkarte: Aus: H.Vogel/M. Gans, Rose Ausländer – Hilde Domin, Gedichtinterpretationen, Hohengehren 1996, S. 250 f.
Foto: Alte Synagoge in Czernowitz. Rose-Ausländer Dokumentationszentrum, a.a.O.
Foto: Ansichten aus dem alten Czernowitz. Rose-Ausländer Dokumentationszentrum a.a.O.

A 4
M 1: Rose Ausländer, Über Leben und Schreiben. Aus: H. Braun (Hg), Rose Ausländer. Materialien, a.a.O., S. 64.
M 2: Rose Ausländer, Die Entwicklung meiner Lyrik. Aus: B. v. Wangenheim, Materialien zu Leben und Werk Rose Ausländers. Frankfurt 1991.

A 5
M 1: Rose Ausländer, Biographische Notiz. Aus: Gesammelte Werke Bd. 4, S. 2.
M 2: Rose Ausländer, Sadagora. Aus: Gesammelte Werke Bd. 7, S. 332.
M 3: Rose Ausländer, Dennoch Rosen,. Aus: Gesammelte Werke Bd. 7, S. 261.

A 6
M 1: Hilde Domin, Nicht müde werden. Aus: Gesammelte Gedichte, S. 294.
Foto Hilde Domin 1991. © Mathias Michaelis, Pforzheim.

M 2: Hilde Domin, Einhorn. Aus: Gesammelte Gedichte, S. 228.
Foto: Hilde Domin 1930. Aus: B. v. Wangenheim (Hg), Heimkehr ins Wort. Materialien zu Hilde Domin. © S. Fischer Verlag, Frankfurt 1982, S. 198

A 7
M 1: Hilde Domin, Biographie. Nach: B. v. Wangenheim (Hg), Heimkehr ins Wort, a.a.O., S. 193 ff.

A 8
M 1: Hilde Domin, Rückkehr in die Sprache. Aus: B. v. Wangenheim (Hg), Heimkehr ins Wort, a.a.O., S. 13.
M 2: Hilde Domin, „Dennoch-Vertrauen". Aus: Gesammelte Essays, S. 94 ff. © S. Fischer Verlag, Frankfurt am Main 1993.
M 3: Hilde Domin, Wiedergeburt. Aus: H. Vogel/M. Gans, Rose Ausländer – Hilde Domin, Gedichtinterpretationen, a.a.O.
M 4: Hilde Domin, Köln. Aus: Gesammelte Gedichte, S. 243.
M 5: Hilde Domin, Landen dürfen. Aus: Gesammelte Gedichte, S. 229.

Kapitel 2

A 10
M 1: Rose Ausländer, Jerusalem. Aus: Gesammelte Werke Bd. 4, S. 77.
M 2: Hilde Domin, Lied zur Ermutigung II. Aus: Gesammelte Gedichte, S. 222.
M 3: Else Lasker-Schüler, Sulamith. Aus: Gedichte 1902–1943. © Suhrkamp Verlag, Frankfurt am Main 1995.
M 4: Hilde Domin, Lied zur Ermutigung II. Aus: Doppelinterpretationen. Das zeitgenössische Gedicht zwischen Autor und Leser. © S. Fischer Verlag, Frankfurt am Main 1969, S. 145 ff.

A 11
M 1: Rose Ausländer, Czernowitz 1941. Aus: Gesammelte Werke, Bd. 3, S. 286.
M 2: Foto: Getto-Grenze. © AKG, Berlin
M 3: Rose Ausländer, Ohne Wein und Brot. Aus: Gesammelte Werke, Bd. 1, S. 155.
M 4: Rose Ausländer, Damit kein Licht uns liebe. Aus. Gesammelte Werke, Bd. 2, S. 332.
M 5: Rose Ausländer, Schallendes Schweigen. Aus. Gesammelte Werke, Bd. 2, S. 334.
M 6: Rose Ausländer, Verwundert. Aus: Gesammelte Werke Bd. 3, S. 43.
M 7: Paul Celan, Espenbaum. Aus: Paul Celan, Mohn und Gedächtnis, S. 23. © Deutsche Verlags-Anstalt, Stuttgart 1952.
M 8: Rose Ausländer, In Memoriam Paul Celan. Aus: Gesammelte Werke, Bd. 3, S. 138.

A 12
M 1: Paul Celan, Todesfuge. Aus: Paul Celan, Mohn und Gedächtnis, S. 35–39. © Deutsche Verlags-Anstalt, Stuttgart 1952.
M 2: Paul Celan, Psalm. Aus: Paul Celan, Die Niemandsrose. S. 87. © S. Fischer Verlag, Frankfurt am Main 1959.
M 3: Theodor W. Adorno. 1: Aus: Gesammelte Schriften, Bd. 10: Kulturkritik und Gesellschaft, S. 30. © Suhrkamp Verlag, Frankfurt am Main 1977.
2: Aus: Negative Dialektik. Gesammelte Schriften Bd. 6.

M 4: Nelly Sachs, Welt, frage nicht die Todentrissenen. Aus:
Fahrt in Staublose. Die Gedichte der Nelly Sachs.
© Suhrkamp Verlag, Frankfurt am Main 1961.

A 13

M 1: Ruth Klüger, Eine Jugend in Wien. Aus: weiter leben. Eine
Jugend. © Wallstein Verlag Göttingen 1992, S. 16 ff., 33 f.,
48 f., 58, 64.

A 14

M 1: Friedhelm Kemp: Die Dichterin Gertrud Kolmar. Aus:
Gertrud Kolmar, Tag- und Tierträume, Kösel-Verlag,
München.
Foto: Getrud Kolmar: Kösel Verlag, München.
Gertrud Kolmar, Nachruf. Aus: Jürgen Serke, Die ver-
brannnten Dichter, Weinheim 1977, S. 237.

A 15

M 1: Hilde Domin, Empfinden und schreiben Sie aus der
jüdischen Tradition? Aus: Begleitheft zur Ausstellung der
Stadt- und Universitätsbibliothek Frankfurt a. M., 12.1.-
27.2.1988.

M 2: Rose Ausländer über die Veränderung ihrer Lyrik. Aus:
H. Braun (Hg), Ich fliege auf der Luftschaukel Europa –
Amerika – Europa. Rose Ausländer in Czernowitz und New
York. Bd. 3, Rose Ausländer Dokumentationszentrum
1994 a.a.O., S. 108.

A 16

M 1: Hilde Domin, Aktuelles. Aus: Gesammelte Gedichte,
S. 235.

M 2: Hilde Domin, Behütet. Aus: Gesammelte Gedichte,
S. 200.

M 3: Hilde Domin, Fremder. Aus: Gesammelte Gedichte,
S. 211.

A 17

M 1: Rose Ausländer, Ein Tag im Exil. Aus: Gesammelte Werke,
Bd. 3, S. 30.

M 2: Rose Ausländer, Mein Schlüssel. Aus: Gesammelte Werke,
Bd. 3, S. 156.

A 18

M 1: Hermann Kesten, Ich weiß nicht. Quelle nicht bekannt.
© Hermann Kesten/PS96.

M 2: Bertolt Brecht, Über die Bezeichnung Emigranten. Aus:
Gesammelte Werke. © Suhrkamp Verlag, Frankfurt am
Main 1967.

M 3: Else Lasker-Schüler, Mein blaues Klavier. Aus: Gedichte
1902–1943. © Suhrkamp Verlag Frankfurt am Main 1995.

A 19

M 1: Anna Seghers, Transit. Aus: Dies., Transit, Luchterhand
Verlag, Darmstadt 1963, S. 25 ff. © Aufbau-Verlag
GmbH 1951.
Foto: Deutsche Soldaten im Juni 1940 in einer Pariser Stra-
ße nach der Einnahme der Stadt: © Bundesarchiv Koblenz,
L 12788.
Landkarte: Frankreich nach der Okkupation: © Karl-Heinz
Lange, Berlin.

M 2: Anna Seghers, Transit. Aus: Dies., Transit, a.a.O. S. 30 ff.

A 20

M 1: Alfred Polgar, Sein letzter Irrtum. Aus: Andererseits.
Erzählungen und Erwägungen, Amsterdam 1948, S. 72.
© Emanuel Sterne, U.S.A.

Kapitel 3

A 21

M 1: Hilde Domin, Drei Arten Gedichte aufzuschreiben 1.
Aus: Gesammelte Gedichte, S. 333.

M 2: Hilde Domin, Unaufhaltsam. Aus: Gesammelte Gedichte,
S. 170.

M 3: Hilde Domin, Lyrik. Aus: Gesammelte Gedichte, S. 227.

M 4: Hilde Domin, Kann der Dichter die Welt verändern? Aus:
Bettina von Wangenheim, Heimkehr ins Wort. Materialien,
a.a.O.

A 22

M 1: Rose Ausländer, Warum schreibe ich? Aus: Gesammelte
Werke, Bd. 3, S. 284.

M 2: Rose Ausländer, Wann ziehen wir ein. Aus: Gesammelte
Werke, Bd. 3, S. 59.

M 3: Rose Ausländer, Mutterland. Aus: Rose Ausländer,
Regenwörter. Reclam Verlag 1994, S. 30. © S. Fischer
Verlag Frankfurt am Main.

M 4: Rose Ausländer, Der Dichter. Aus: Gesammelte Werke,
Bd. 7, S. 13.

A 23

M 2: Hilde Domin, Drei Arten Gedichte aufzuschreiben 2.
Aus: Gesammelte Gedichte, S. 334.

M 3: Rose Ausländer, Wege. Aus: Rose Ausländer, Regenwörter,
a.a.O., S. 36.

A 25

M 1: Adelheid Petruschke, Lyrik nach 1945. Aus: Klett Lektüre-
hilfen, Lyrik nach 1945. Stuttgart 1987, S. 61 ff.

M 2: Adelheid Petruschke, Politische Lyrik. Aus: Klett Lektüre-
hilfen, a.a.O., S. 89 ff.

A 26

M 1: Paul Celan, Sprache – Orientierung in der Wirklichkeit.
Aus: Gesamtausgabe Bd. III. © Suhrkamp Verlag, Frankfurt
am Main 1983, S. 186.

M 2: Paul Celan, Wohin mir. Aus: Die Niemandsrose, a.a.O.,
S. 135.

M 3: Gottfried Benn, Absolutes Gedicht. Aus: Gottfried Benn,
Gesammelte Werke in vier Bänden. Hrsg. v. Dieter
Wellershof. Bd. 1: Essays, Reden, Vorträge. Klett-Cotta,
Stuttgart 1959, 8. Aufl. 1994.

M 4: Gottfried Benn, Ein Wort. Aus: Gottfried Benn, Statische
Gedichte. © 1983 by Arche Verlag AG, Raabe + Vitali,
Zürich.

M 5: Erich Fried, Lyrik gibt es nicht. Quelle nicht bekannt.

M 6: Erich Fried, Die Händler. Aus: Erich Fried, Warngedichte.
© 1979 Carl Hanser Verlag München Wien, S. 103.

Kapitel 4

A 27

M 1: Rose Ausländer, Liebe II. Aus: Gesammelte Werke Bd. 3, S. 70.

M 3: Rose Ausländer, Entfremdung. Aus: Gesammelte Werke Bd. 3, S. 41.

M 3: Rose Ausländer, Bis an den Nagelmond. Aus: Gesammelte Werke Bd. 3, S. 36.

M 4: Rose Ausländer, Und. Aus: Gesammelte Werke Bd. 6, S. 191.

M 5: Paul Klee, Ein Doppelschreier, 1939. © VG Bild-Kunst, Bonn 1996.

M 6: Rose Ausländer, Durch ein Sternenfeld. Aus: Gesammelte Werke Bd. 7, S. 378.

M 7: Hilde Domin, Tunnel. Aus: Gesammelte Gedichte, S. 291.

A 28

M 1: Hilde Domin, Alle meine Schiffe. Aus: Gesammelte Gedichte, S. 56.

M 2: Hilde Domin, Rücken. Aus: Gesammelte Gedichte, S. 85.

M 3: Hilde Domin, Dichtung und Liebe… Aus: H. Vogel/ M. Gans, Gedichtinterpretationen, a.a.O.

M 4: Hilde Domin, Vogelschwingen. Aus: Gesammelte Gedichte, S. 79.

M 5: Hilde Domin, Windgeschenke. Aus: Gesammelte Gedichte, S. 99.

A 29

M 1: Paul Celan, Nacht. Aus: Sprachgitter. © S. Fischer Verlag, Frankfurt am Main 1959, S. 33.

M 2: Else Lasker-Schüler, Ein alter Tibetteppich. Aus: Gedichte 1902–1943. © Suhrkamp Verlag Frankfurt am Main 1995.

M 3: Sarah Kirsch, Die Luft riecht schon nach Schnee. Aus: Rückenwind, Langewiesche-Brandt, Ebenhausen bei München 1977.

Kapitel 5

A 30

M 1: Hilde Domin, Auf Wolkenbürgschaft. Aus: Gesammelte Gedichte, S. 131.

M 2: Ernst Bloch, … das allen… Aus: Ernst Bloch, Das Prinzip Hoffnung. Bd. 3, S. 1628. © Suhrkamp Verlag, Frankfurt am Main 1959.

M 3: Hilde Domin, Rückkehr der Schiffe. Aus: Gesammelte Gedichte, S. 216.

A 31

M 1: Rose Ausländer, Daheim. Aus: Gesammelte Werke Bd. 6, S. 27.

M 2: Rose Ausländer, Selbstportrait. Aus: Regenwörter, a.a.O., S. 68.

M 3: Hilde Domin, Unterwegs. Aus: Gesammelte Gedichte, S. 207.

A 32

M 1: Rose Ausländer, Manuskript Nr. 2 Ostern. Aus: Gabriele Köhl, Die Bedeutung der Sprache in der Lyrik Rose Ausländers. Freiburg o. J.
Bildvorlage: Rose-Ausländer Dokumentationszentrum, a.a.O.

M 2: Rose Ausländer, Ostern II. GW Bd. 3, S. 119.

A 33

M 1: Rose Ausländer, Bukowina II. Aus: Gesammelte Werke Bd. 4, S. 72.

A 34

M 1: Joseph von Eichendorff, Heimweh. Aus: Werke in einem Band. Aufbau Verlag, Berlin, Weimar 1975.

M 2: Else Lasker-Schüler, Rast. Aus: Gedichte 1902–1943. © Suhrkamp Verlag, Frankfurt am Main 1995.

M 3: Hans Bender, Heimkehr. Aus: Lyrische Biographie. Graphische Werkstätten der Werkkunstschule Wuppertal, 1957. © Rechte beim Autor.

M 5: Nelly Sachs, Ich bin meinem Heimatrecht auf der Spur. Aus: Fahrt in Staublose. Die Gedichte der Nelly Sachs. © Suhrkamp Verlag, Frankfurt am Main 1961.

Kapitel 6

A 35

M 1: Rose Ausländer, Noch bist du da. Aus: Gesammelte Werke Bd. 5, S. 86.

M 2: Rose Ausländer, Alter. Aus: Gesammelte Werke Bd. 6, S. 67.

M 3: Rose Ausländer, Wieder. Aus: Gesammelte Werke Bd. 4, S. 85.

M 4: Rose Ausländer, Natürlich ist… Aus: Mutterland Wort, a.a.O.

A 36

M 1: Hilde Domin, Älter werden. Aus: Gesammelte Gedichte, S. 360.

M 2: Hilde Domin, Ob es nun… Aus: Hilde Domin, Das Gedicht als Augenblick von Freiheit. © S. Fischer Verlag, Frankfurt am Main 1993, S. 41.

WEITERE TITEL ZUR UNTERRICHTSVORBEREITUNG

DEUTSCH

**Arbeitsblätter
Gewaltdarstellung in
Literatur, Film, Fernsehen**
38 Arbeitsblätter mit
didaktisch-methodischen
Kommentaren
Sekundarstufe II
ISBN 3-12-927415-4

**Arbeitsblätter
Jurek Becker
„Bronsteins Kinder"**
26 Arbeitsblätter mit
didaktisch-methodischen
Kommentaren
Sekundarstufe II
ISBN 3-12-927414-6

**Unterrichtsideen
Textarbeit im
Deutschunterricht der
Sekundarstufe I**
Didaktische Kommentare und
methodische Anregungen zu
ausgewählten Texten und
Gattungen
ISBN 3-12-922675-3

**Unterrichtsideen
Integrierter
Grammatikunterricht**
Textproduktion und
Grammatik
5.-10. Schuljahr
ISBN 3-12-922654-0

**Unterrichtsideen
Textanalyse und Grammatik**
Vorschläge für den integrierten
Grammatikunterricht
5.-10. Schuljahr
ISBN 3-12-922672-9

**Unterrichtsideen
Lyrik in den Klassen 8-10**
Handlungs- und
produktionsorientierte
Vorschläge
ISBN 3-12-922711-3

**Unterrichtsideen
Lyrik in der Sekundarstufe II**
20 handlungs- und
produktionsorientierte
Vorschläge
ISBN 3-12-922681-8

**Unterrichtsideen
Europa entdecken –
Geschichten unserer Nachbarn**
19 Unterrichtsvorschläge für die
Klassen 8-10
ISBN 3-12-922661-3

**Interpretationshilfen
Lyrik des Expressionismus**
Sekundarstufe II
ISBN 3-12-922602-8

**Interpretationshilfen
Deutsche Kurzgeschichten von
1945 bis 1968**
Sekundarstufe II
ISBN 3-12-922606-0

**Interpretationshilfen
Deutsche Lyrik von der Klassik
zur Romantik**
Sekundarstufe II
ISBN 3-12-922605-2

Alle Titel der Reihen Arbeitsblätter, Interpretationshilfen und Unterrichtsideen finden Sie im Schulpraxiskatalog Nr. P710217. Fragen Sie Ihren Buchhändler oder bestellen Sie ihn direkt bei uns.